새 이화 한국어

새 이화 한국어 3-1

지은이 이화여자대학교 언어교육원(김현진·배재원·이민경·윤여옥·전우주·최형연·주현하)
감수 이은주·김영규·박선희

펴낸날 1판 1쇄 2024년 9월 4일
2쇄 2025년 8월 11일

펴낸이 주소현 **펴낸곳** 이화여자대학교출판문화원
주소 서울특별시 서대문구 이화여대길 52 **등록** 1954년 7월 6일 제9-61호
전화 02-3277-2965(편집), 02-362-6076(마케팅) **팩스** 02-312-4312
전자우편 press@ewha.ac.kr **홈페이지** www.ewhapress.com

책임편집 이혜지 **디자인** 프로스트아이디어
일러스트 정윤서 **사진촬영** 강지민 **사진편집** 김재인
촬영지원 언어교육원 행정실 **녹음** 오렌지 커뮤니케이션즈 **성우** 권도일, 이아름

ISBN 979-11-5890-531-6 14710
979-11-5890-490-6 (세트)

* 사진 촬영에 협조해 주신 Emile Pison Diepvens, Doan Dang Pham, Brandon Seyler Lee, Pattranit Weerachaiwichit, Daria Semenetc, Sabrina Adeola Odofin, 양혜윤, 신희연, 권민경 님에게 감사를 드립니다.

* 잘못된 책은 구입처에서 바꾸어 드립니다.

새 이화 한국어

이화여자대학교 언어교육원 지음

김현진 • 배재원 • 이민경
윤여옥 • 전우주 • 최형연 • 주현하

3-1

이화여자대학교출판문화원

머리말

이화여자대학교 언어교육원은 『이화 한국어』를 발간한 지 12년 만에 새로운 의사소통 중심 교재 『새 이화 한국어』를 발간하게 되었습니다. 지난 10여 년 동안 『이화 한국어』는 세계 각국에서 사용되어 왔으며 현재까지도 외국인들에게 좋은 학습의 길잡이가 되고 있습니다. 그러나 교수·학습 환경이 나날이 변화하고 한국어 학습자의 요구가 다양해짐에 따라 이에 부응할 새로운 교재의 필요성이 대두되었습니다. 이화여자대학교 언어교육원은 오랜 한국어 교육 경험과 연구를 바탕으로 『이화 한국어』를 전면적으로 혁신할 새로운 교재 개발에 착수하였고, 약 3년의 작업 끝에 마침내 『새 이화 한국어』를 세상에 내놓게 되었습니다.

『새 이화 한국어 3』은 듣기, 말하기, 읽기, 쓰기의 통합 교재로 다음의 특징이 있습니다. 먼저 한 단원을 세 개의 소단원으로 구성하여 하나의 주제에 대하여 다양한 기능을 충분히 연습할 수 있도록 설계하였습니다. 또한 문법의 비중을 낮추고 재미있으면서도 실제적인 의사소통 과제의 비중을 높임으로써 수업 내용이 실생활로 전이될 수 있도록 하였습니다.

특히 이 교재는 네 가지 언어 기능의 균형 있는 발전을 유도하면서도 말하기 능력을 강화하도록 고안된 것이 특징입니다. 이를 위해 대화, 역할극, 그룹 활동 등 방식과 참여 인원을 다양화하여 말하기 과제를 제시하였습니다. 이러한 과제를 통해 학습자들이 다양한 상황에서 주도적으로 말하기를 이끌어가는 능력을 기를 수 있을 것으로 기대됩니다. 어휘, 문법은 언어 지식을 쌓는 것에 그치지 않도록 듣기, 말하기, 읽기, 쓰기와 연계를 활용한 유의미한 연습을 제시하였습니다. 그리고 듣기와 쓰기, 읽기와 말하기, 읽기와 쓰기 등 여러 기능을 연계하고 통합한 과제를 제시함으로써 구어와 문어 학습이 긴밀하게 연계될 수 있도록 구성하였습니다.

이 교재가 발간되기까지 정말 많은 분들의 땀과 노고가 있었습니다. 이화여자대학교 언어교육원을 대표하여, 좋은 교재를 개발하기 위해 밤낮으로 고민하고 집필에 매진하신 저자 분들께 깊은 감사를 드립니다. 또한 교재가 발간되기까지 여러 가지 행정적 지원을 아끼지 않고 수고해 주신 언어교육원 행정실에도 진심으로 감사를 드립니다. 그리고 감수를 맡아 교재 구성과 내용에 많은 조언을 해 주신 이은주, 김영규 교수님께도 감사의 말씀을 드립니다. 마지막으로 이 교재가 이렇게 멋진 모습으로 발간될 수 있도록 편집과 출판을 맡아 주신 이화여자대학교출판문화원에도 깊은 감사의 마음을 전합니다.

이 교재가 국내외에서 널리 활용되어 한국어를 쉽고 재미있고 효과적으로 교수·학습하는 데에 크게 기여하기를 바랍니다. 아울러 앞으로 나아가야 할 한국어 교육의 방향을 선도하는 역할도 하게 되기를 기대합니다.

2024년 9월
이화여자대학교 언어교육원
원장 박선희

교재 구성표

단원	단원명	소단원 1				소단원 2		
		제목	어휘와 표현	문법	듣기	제목	문법	듣고 쓰기
1	**새 학기, 새로운 시작**	단어를 외우는 중이에요	학교생활	V-는 중이다 V-자마자	학교 시설에 대한 대화 듣기	춤이 멋있고 화려했거든요	A/V-거든요	한국에서 하고 싶은 일에 대한 대화 듣고 쓰기
2	**성격과 외모**	성격이 꼼꼼한 편이에요?	성격	A/V-(으)ㄴ/는 편이다 A/V-(ㄴ/는)다	친구의 성격에 대한 대화 듣기	사람마다 성격이 다르잖아요	A/V-잖아요	성격 차이에 대한 대화 듣고 쓰기
3	**여가 활동**	땀을 흘리고 나면 스트레스가 풀려요	여가 활동의 장점	V-고 나다 V-(으)니까(발견)	여가 활동의 장점에 대한 대화 듣기	자전거를 타려면 헬멧이 필요해요	V-(으)려면	여가 활동에 필 한 물건에 대한 대화 듣고 쓰기
4	**소식과 정보**	일하면서 공부도 하고 그럭저럭 잘 지내요	안부	V-(으)면서 V-는 대신(에)(대체)	고향에 돌아간 친구에게 안부 묻는 대화 듣기 더 A/V-(으)ㄴ/는 대신에(보상)	그 작가가 새 소설을 출판한다고 해요	A/V-(ㄴ/는)다고 하다 더 N(이)라고 하다	유명인의 새 소 에 대한 인터뷰 방송 듣고 쓰기 더 A/V-(ㄴ/는)대 N(이)래요
5	**건강과 생활 습관**	요리를 하다가 손을 다쳤어요	증상	V-다가 사동사	건강 정보 소개하는 인터넷 방송 듣기	체력이 좋아지도록 운동을 하세요	A/V-도록	수의사에게 강아지에 대해 상담하는 대화 듣고 쓰기 더 -시키다
6	**내가 사는 도시**	교통이 편리한 반면에 너무 시끄러워요	도시와 시골	A/V-았/었었- A/V-(으)ㄴ/는 반면(에)	도시 생활의 장단점에 대한 대화 듣기	이곳은 머리를 식히러 제가 자주 가던 곳이에요	A/V-던	시골 마을 소개하는 대화 듣고 쓰기

	소단원 3				
읽고 말하기	**제목**	**어휘와 표현**	**문법**	**말하기(기능)**	**읽고 쓰기(전략)**
이번 학기에 하고 싶은 활동에 대해 읽고 말하기	목표를 이루기 위해 최선을 다할 거예요	유학 생활의 목표와 노력	V-기 위해(서)	유학 생활의 어려움에 대해 조언하기 • 걱정 듣고 위로하기 • 걱정에 대한 해결 방법 조언하기	성공적인 유학 생활을 위한 결심의 글 읽고 쓰기 • 단락의 첫 문장 읽고 내용 추측하기 [더] N에 대해(서), N에 대한
성격 유형에 대해 읽고 말하기	키가 커 보이고 싶어요	액세서리	A-아/어 보이다	특별한 날의 옷차림에 대해 말하기 • 상황에 어울리는 다른 옷 추천하기 • 추천하는 이유 말하기 [더] N 말고	인물 묘사의 글 읽고 쓰기 • 의미망 활동하기 [더] A/V-(ㄴ/는)다
새로 시작한 여가 활동에 대해 읽고 말하기	그림을 배웠으면 좋겠어요	동호회 활동	A/V-았/었으면 좋겠다	친구에게 맞는 여가 활동 추천하기 • 완곡하게 거절하기 • 자신의 희망 사항 말하기 [더] A/V-(으)ㄴ/는지	동호회 광고의 글 읽고 쓰기 • 본문에 나오는 질문에 답 찾으며 읽기
유명인의 새 소식에 대한 신문 기사 읽고 말하기	선배가 진학 정보를 잘 알아보라고 했어요	대학 지원	V-(으)라고 하다	대학 지원에 대한 정보 전달하기 • 자기소개서에 대해 궁금한 점 묻기 • 정보 출처와 정보 내용 전달하기 [더] V-(으)래요	정보를 부탁하는 편지글 읽고 쓰기 • 의미상 같은 단락으로 묶고 중심 내용 파악하기
건강 관리법에 대해 읽고 말하기	아이를 일찍 자게 하세요	생활 습관	V-게 하다	어렸을 때부터 지켜 온 습관에 대해 말하기 • 습관을 듣고 놀람 표현하기 • 습관을 갖게 된 계기 말하기	생활 습관의 원인과 해결 방법에 대한 글 읽고 쓰기 • 단락별 중심 내용 파악하기
전원생활의 즐거움에 대해 읽고 말하기 [더] A/V-(으)ㄴ/는 덕분에	경치가 아름다울 뿐만 아니라 음식도 맛있어요	여행지의 특징	A/V-(으)ㄹ 뿐(만) 아니라	서울의 명소 소개하기 • 유명한 곳 말하기 • 할 수 있는 것에 다른 것을 추가해서 말하기	두 도시 비교의 글 읽고 쓰기 • 차이점 찾으며 읽기

[더] 더 알아보기

교재 구성과 사용법

- 『새 이화 한국어 3』은 총 200시간 분량의 한국어 교재이다.
- 『새 이화 한국어 3』은 '국제 통용 한국어 표준 교육과정' 3급, '유럽공통참조기준(CEFR)' B1에 해당된다.
- 『새 이화 한국어 3』은 두 권으로 나뉘어 있으며 (3-1, 3-2), 『새 이화 한국어 3-1』은 1~6단원, 『새 이화 한국어 3-2』는 7~12단원으로 구성되어 있다.
- 각 단원은 세 개의 소단원으로 구성되어 있으며 세부 내용은 아래와 같다.

단원				
	소단원 1	소단원 2	소단원 3	
도입 듣기	어휘와 표현 1 문법 1, 2 듣기	문법 3 듣고 쓰기 읽고 말하기	어휘와 표현 2 문법 4 말하기 읽고 쓰기	어휘와 표현 확인

- 말하기 활동에 다양한 아이콘이 사용되는데 그 의미는 다음과 같다.

아이콘	의미
	짝 활동
	3~4명 그룹 활동
	교실 발표

- 듣기 자료는 이화여자대학교출판문화원 홈페이지에서 내려받을 수 있으며 교재의 QR 코드를 통해 바로 접근할 수도 있다.

단원 표지

- 소단원의 제목과 학습 목표입니다.
  각 단원은 3개의 소단원으로 되어 있습니다.

- 시각 자료와 듣기를 활용해 소단원 주제와 관련된
  표현과 내용을 학습합니다.

어휘와 표현

소단원 1, 3

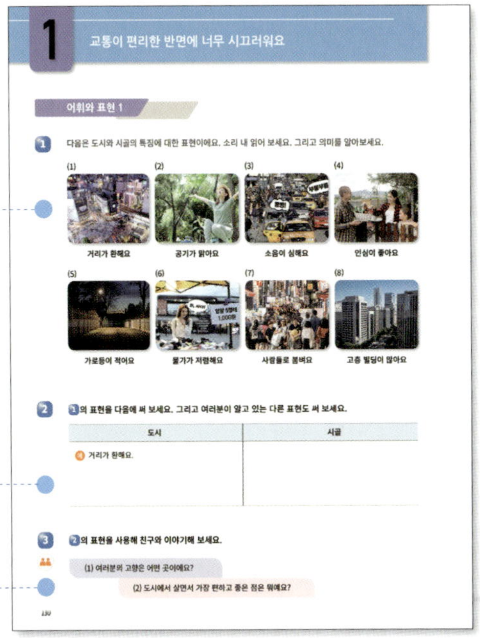

- 주제 관련 표현 6~8개가 시각 자료와 함께 제시되어 있습니다. 표현을 듣거나 읽으면서 그 의미를 파악합니다.

- 학습한 표현의 범주화 활동이나 학습한 표현을 바꿔 말한 듣기를 통해 의미를 확인합니다. 이 활동을 통해 이미 알고 있던 표현을 활용해 새로 학습한 표현을 추론하거나 범주가 같은 표현과 분류하여 학습의 효과를 높입니다.

- 학습한 표현을 사용할 수 있도록 말하기로 연습합니다.

문 법

소단원 1, 2, 3

- 학습할 문법이 어떤 의미인지 추측해 보는 도입입니다. 각 단원의 문법의 도입은 듣기 2개, 읽기 2개로 달리 구성되어 있습니다.
- 시각 자료를 통해 맥락을 제시하고 이를 통해 목표 문법의 의미를 학습합니다.
- 문법의 의미와 간단한 결합 정보에 대한 설명입니다. 그리고 추가 예문이 제시되어 있습니다.

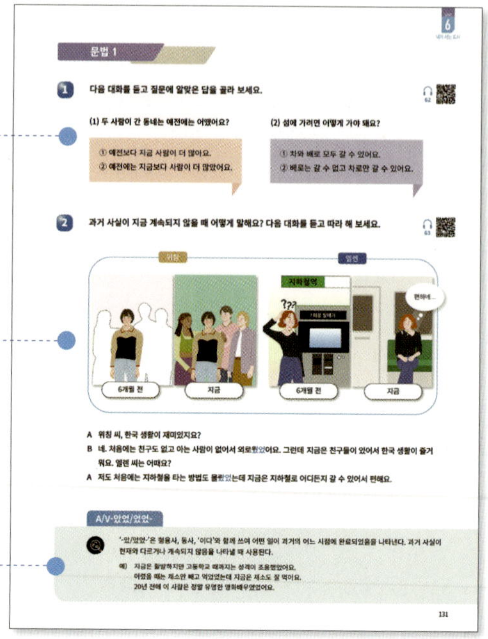

- 목표 문법을 활용한 말하기 연습 활동입니다. 간단한 대화, 정보차 활동, 게임 등으로 구성되어 있습니다.
- 문법을 활용한 유도된 말하기 활동과 자유로운 말하기 활동입니다. (5)~(6)은 학생들이 직접 자유롭게 만들어 보는 활동입니다.

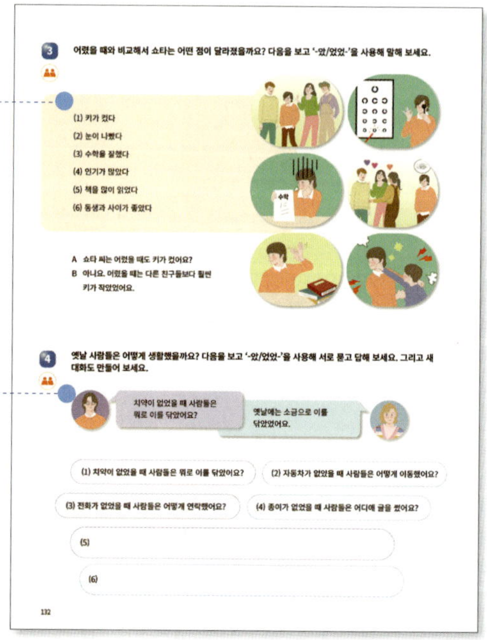

듣기

소단원 1

- 듣기 전 단계입니다. 들을 내용과 연관된 시각 자료를 활용해 브레인스토밍한 후 간단하게 이야기합니다.
- 듣기 본 단계입니다. 들은 내용을 확인하는 단계입니다.
- 들은 후 단계입니다. 듣기 내용과 관련된 것을 말합니다.

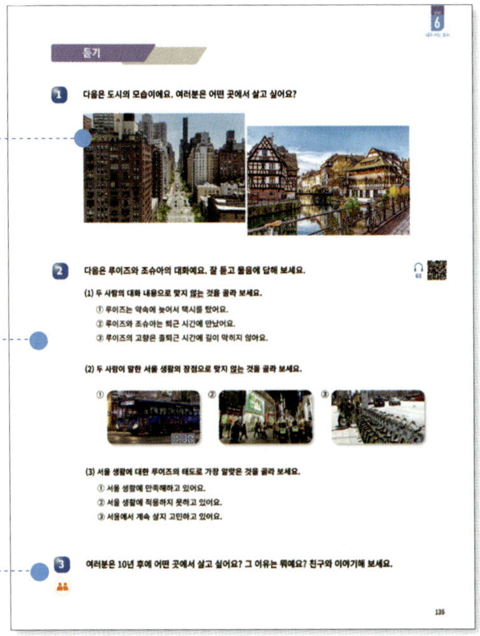
듣기

1 다음은 도시의 모습이에요. 여러분은 어떤 곳에서 살고 싶어요?

2 다음은 루이즈와 조슈아의 대화예요. 잘 듣고 물음에 답해 보세요.

(1) 두 사람의 대화 내용으로 맞지 않는 것을 골라 보세요.

① 루이즈는 약속에 늦어서 택시를 탔어요.
② 루이즈와 조슈아는 퇴근 시간에 만났어요.
③ 루이즈의 고향은 출퇴근 시간에 길이 막히지 않아요.

(2) 두 사람이 말한 서울 생활의 장점으로 맞지 않는 것을 골라 보세요.

(3) 서울 생활에 대한 루이즈의 태도로 가장 알맞은 것을 골라 보세요.

① 서울 생활에 만족해하고 있어요.
② 서울 생활에 적응하지 못하고 있어요.
③ 서울에서 계속 살지 고민하고 있어요.

3 여러분은 10년 후에 어떤 곳에서 살고 싶어요? 그 이유는 뭐예요? 친구와 이야기해 보세요.

135

듣고 쓰기

소단원 2

- 듣고 쓰기입니다. 이 과제는 딕토글로스(dictogloss)를 변형한 활동입니다.
- 듣기 전 단계입니다. 들은 내용과 연관된 시각 자료를 활용해 브레인스토밍한 후 간단하게 이야기합니다.
- 듣고 들은 내용 중 중요한 것을 씁니다.
- 다시 듣고 들은 내용을 확인합니다.

듣고 쓰기

1 다음을 보고 상우와 올리버가 이야기하는 강릉 안반데기는 어떤 곳인지 말해 보세요.

2 다음은 강릉 안반데기에 대한 대화예요. 잘 듣고 물음에 답해 보세요.

(1) 대화를 잘 들으세요. 들은 내용 중 중요한 것을 메모해 보세요.

(2) 다시 대화를 듣고 물음에 답해 보세요.

1) 강릉 안반데기는 상우에게 어떤 곳이에요?

2) 올리버는 이곳을 어떻게 알았어요?

3) 상우가 올리버에게 추천한 것으로 맞지 않는 것을 골라 보세요.

(3) 한 번 더 들으세요. 들으면서 잘못 들었거나 새롭게 들은 내용을 (1)에 추가해 써 보세요.

3 3~4명씩 모여서 2의 내용을 바탕으로 글을 써 보세요.

(1) 2의 (1)을 서로 비교하면서 같은 것과 다른 것이 무엇인지 확인해 보세요.

(3) (2)의 내용과 표현이 맞는지 175쪽의 듣기 지문과 비교해 보세요.

138 139

- 소그룹 활동을 통해 들은 내용을 서로 비교하고 그 후에 들은 내용을 간략하게 요약해 씁니다.
- 요약한 글을 부록에 있는 듣기 내본과 비교하면서 내용과 표현에서 어색한 부분이 있는지 확인합니다.

읽고 말하기

소단원 2

- 읽고 말하기 활동입니다. 2명 또는 3~4명이 같이 하는 소그룹 활동입니다.
- 읽기 전 단계입니다. 읽을 내용에 대해 시각 자료를 활용해 이야기합니다.
- 소그룹 활동을 하기 전에 각자 소그룹 활동에서 할 내용을 연습해 보는 단계입니다. 글을 읽고 읽은 내용을 메모해 봅니다.

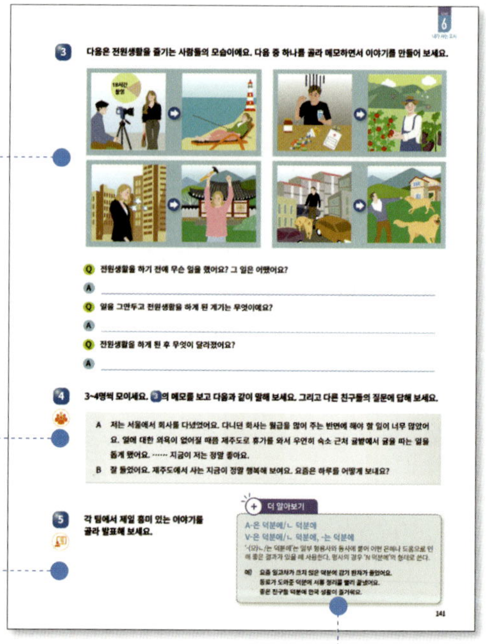

- 소그룹 활동을 위해 제시된 내용 중 하나를 골라서 그와 관련된 자신의 이야기를 만들거나 제시된 내용이 없을 때는 자신이 생각한 내용을 바탕으로 이야기를 만들어 봅니다. 그리고 만든 내용을 아래에 써 봅니다.
- 2명 또는 3~4명이 하는 소그룹 활동으로 각자 3에서 만든 이야기를 친구들에게 합니다. 그리고 이야기를 듣고 궁금한 것을 친구에게 질문합니다.
- 우리 팀에서 가장 재미있는 이야기를 골라 발표합니다.
- 추가로 학습할 문법과 표현이 제시되어 있습니다. 이에 해당되는 예문도 제시되어 있습니다.

- TTT(Task 1-Teach-Task 2) 모형을 변형하여 만든 역할극입니다. 1은 과제 활동(Task 1), 2와 3은 학습(Teach), 4와 5는 과제 활동(Task 2)입니다.
- 역할극의 상황이 텍스트와 시각 자료로 제시되어 있습니다.
- 과제의 목표 기능 표현에 해당되는 내용을 메모합니다.
- 역할극의 필수 요소인 역할을 제시합니다. 목표 기능 표현을 활용해 대화를 간단하게 만듭니다.

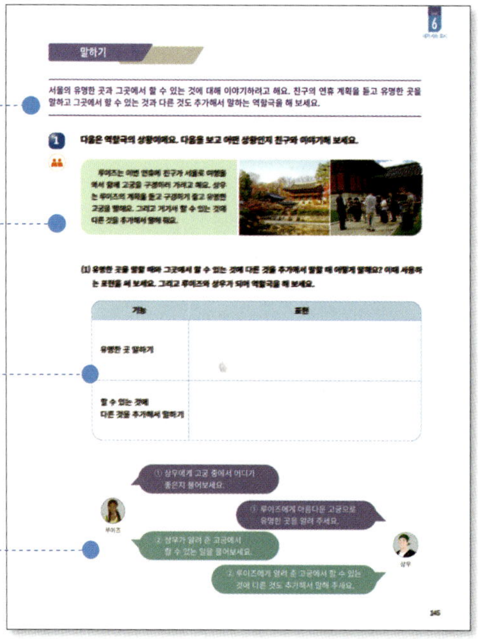

- (1)에서 한 대화를 다시 반추합니다.
- (1)의 부족한 부분을 학습합니다. 다양한 기능 표현을 학습해 유창하게 말하는 연습을 합니다.

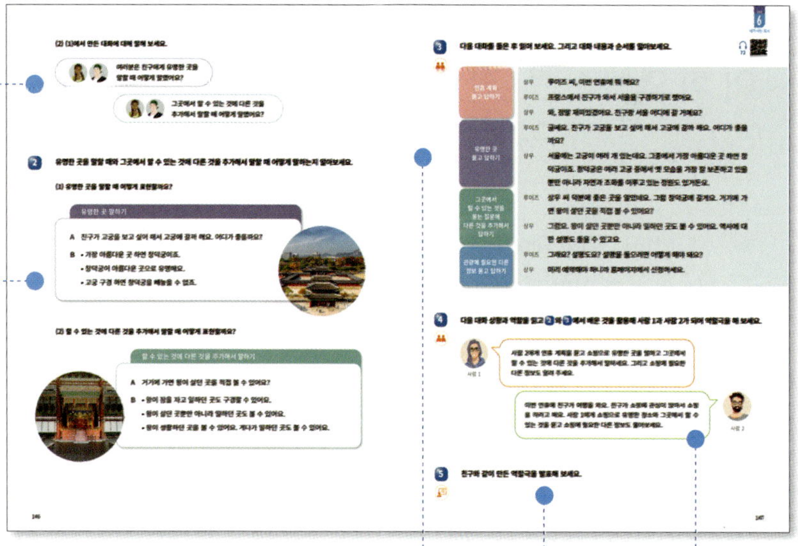

- 모범 대화를 보면서 담화 순서와 그 순서에 맞는 대화 내용을 파악합니다.
- 2에서 학습한 기능 표현, 3에서 학습한 담화 순서와 그에 맞는 내용을 바탕으로 역할에 맞게 대화를 만듭니다.
- 대화를 만든 후 발표합니다.

읽고 쓰기

소단원 3

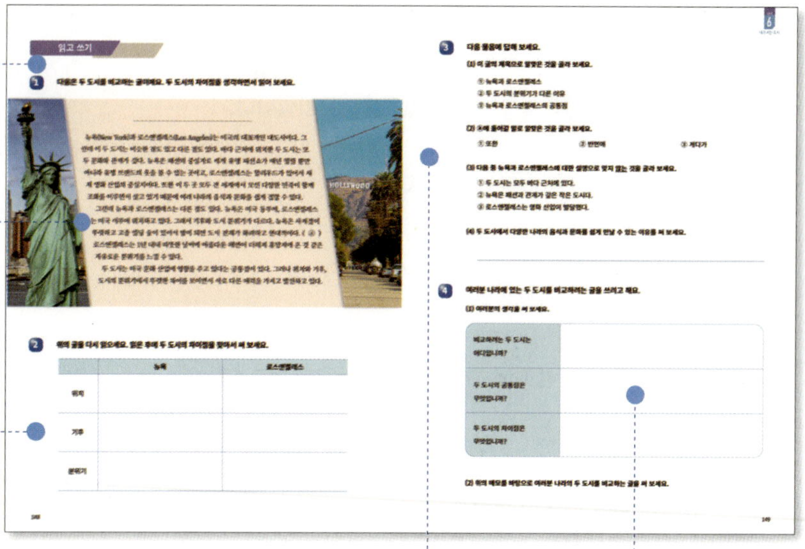

- 읽고 쓰기입니다.
- 읽기의 전략을 활용해 읽습니다.
- 텍스트를 다시 읽은 후 전략과 관련된 내용을 씁니다.
- 읽은 내용을 확인합니다.
- 쓰기 전에 쓸 내용을 간단하게 메모합니다. 그리고 글을 써 봅니다.

어휘와 표현 확인

- 소단원별로 단원 내에서 출현한 순서대로 제시된 신출 어휘 목록입니다. 어휘와 표현을 스스로 점검합니다.

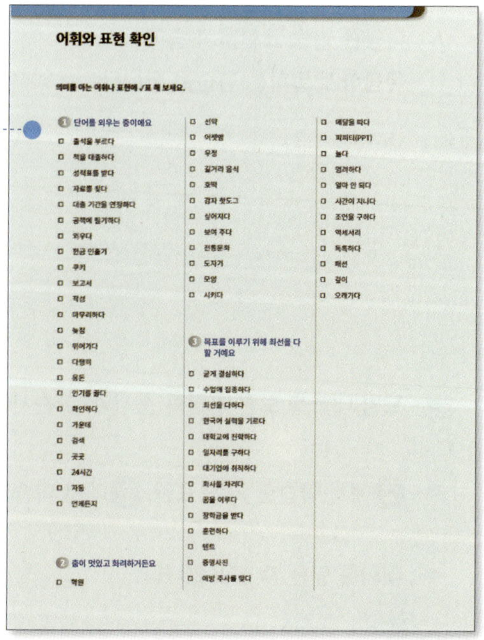

차 례

부록

등장인물

김유나
한국인 / 대학생
쇼타
일본인 / ELC 학생
위칭
태국인 / ELC 학생
진차오
중국인 / ELC 학생
다샤
러시아인 / ELC 학생
조슈아
미국인 / ELC 학생,
영어 강사

ELC: Ewha Language Center
이진영
한국인 / 대학생
최상우
한국인 / 대학생
엘렌
영국인 / ELC 학생,
액세서리 디자이너
올리버
호주인 / ELC 학생,
회사원
안나
독일인 / ELC 학생
마테오
멕시코인 / ELC 학생,
요리사
루이즈
프랑스인 / ELC 학생

1 단원 새 학기, 새로운 시작

소단원 1

- 학교생활에 대한 어휘와 표현 익히기
- V-는 중이다
  V-자마자
- 학교 시설에 대한 대화 듣기

소단원 2

- A/V-거든요
- 한국에서 하고 싶은 일에 대한 대화 듣고 쓰기
- 이번 학기에 하고 싶은 활동에 대해 읽고 말하기

소단원 3

- 유학 생활의 목표와 노력에 대한 어휘와 표현 익히기
- V-기 위해(서)
- 유학 생활의 어려움에 대해 조언하기
- 성공적인 유학 생활을 위한 결심의 글 읽고 쓰기

A

B

C

다음 대화를 듣고 A, B, C 중에서 알맞은 사진을 찾아 써 보세요.

1. (   )
2. (   )
3. (   )

1

1 단어를 외우는 중이에요

어휘와 표현 1

1 다음은 교실과 도서관에서 하는 일에 대한 표현이에요. 듣고 따라 해 보세요. 그리고 의미를 알아보세요. 2

(1)

선생님이 **출석을 부르면** 대답해요.

(2)

읽고 싶은 **책을 대출했어요.**

(3)

시험을 보고 며칠 후에
성적표를 받았어요.

(4)

발표 준비를 해야 해서
자료를 찾고 있어요.

(5)

빌린 책을 다 못 읽어서
대출 기간을 연장했어요.

(6)

선생님의 설명을 듣고
중요한 것을 **공책에 필기해요.**

2 1의 표현을 다음에 써 보세요. 그리고 여러분이 알고 있는 다른 표현도 써 보세요.

교실에서	도서관에서
예 출석을 불러요.	

3 2의 표현을 사용해 친구와 이야기해 보세요.

(1) 여러분은 수업 시간에 교실에서 보통 무엇을 해요?

(2) 여러분은 도서관에 자주 가요? 도서관에서 보통 무엇을 해요?

문법 1

1 다샤는 지금 무엇을 하고 있어요? 다음 대화를 듣고 알맞은 것을 골라 보세요. 3

(1)

(2)

2 어떤 일이 진행되고 있음을 말할 때 어떻게 말해요? 다음 (1)과 (2)를 보세요. 그리고 대화를 듣고 따라 해 보세요. 4

A 올리버는 지금 뭐 하고 있어요?
B 올리버는 상우 전화번호를 찾는 중이에요.

A 진차오는 지금 뭐 하고 있어요?
B 진차오는 커피를 마시는 중이에요.

V-는 중이다

'-는 중이다'는 동사와 함께 쓰여 어떤 일이 진행되고 있음을 나타낸다.

예) 지금 도서관에서 자료를 찾는 중이니까 이따 전화드릴게요.
유나는 지금 친구를 기다리는 중이에요.
엄마가 아이를 데리러 유치원에 갔을 때 아이는 친구들과 노는 중이었어요.

3 **2**의 (3)~(6)을 보고 '-는 중이다'를 사용해 말해 보세요.

4 다음을 보고 '-는 중이다'를 사용해 서로 묻고 답해 보세요. 그리고 새 대화도 만들어 보세요.

지금 돈을 찾을 수 있어요?

현금 인출기를 고치는 중이니까 잠깐만 기다려 주세요.

(1)

지금 돈을 찾을 수 있어요?

현금 인출기를 고치다

(2)

쿠키를 사 갈까?

지금 쿠키를 굽다

(3)

보고서 작성은 언제 끝나요?

지금 마무리하다

(4)

조슈아 씨하고 언제 통화가 될까요?

다른 사람 전화를 받다

(5)

(6)

문법 2

1 다음을 읽어 보세요. 일이 일어나는 시간의 순서를 나타내는 표현을 찾아 모두 밑줄을 그어 보세요. 그리고 그림에 맞는 표현도 찾아보세요.

저는 오늘 아침에 늦잠을 잤어요. 그래서 일어나자마자 세수하고 가방을 챙긴 후에 집에서 나왔어요. 집에서 나오자마자 지하철역까지 뛰어갔어요. 다행히 학교에 늦지 않게 도착했어요.

2 어떤 행동이 끝난 후 바로 다음 행동을 할 때 어떻게 말해요? 다음 대화를 듣고 따라 해 보세요. 5

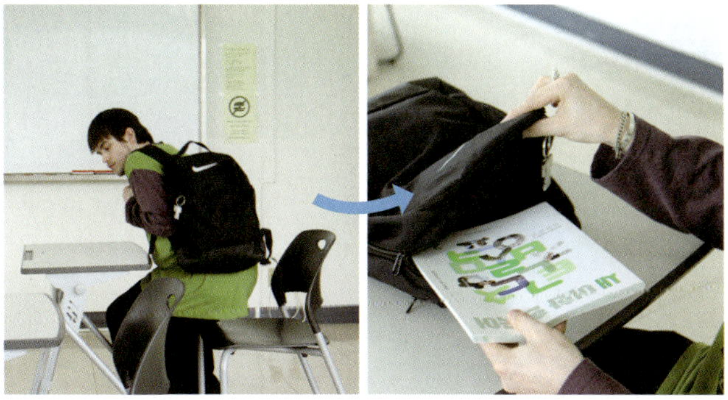

A 아침에 교실에 들어오면 제일 먼저 뭘 해요?

B 자리에 앉아요. 그리고 자리에 앉자마자 가방에서 책을 꺼내요.

A 수업이 끝난 후에 집에 돌아가서 보통 뭐 해요?

B 저는 집에 들어가자마자 제일 먼저 손을 씻어요. 그리고 점심을 먹어요.

V-자마자

'-자마자'는 동사와 함께 쓰여 앞의 동작이 일어난 후 바로 다음 사건이나 동작이 일어남을 나타낸다.

예) 어제는 너무 피곤해서 침대에 눕자마자 바로 잠이 들었어요.
그 빵집은 빵이 맛있어서 나오자마자 다 팔려요.
음식을 만들자마자 너무 배고파서 다 먹었어요.

3 '-자마자'를 사용해 친구와 게임을 해 보세요.

게임 방법

1. 두 사람이 가위바위보를 해서 진 사람이 네모 안의 문장을 읽으세요.
2. 이긴 사람은 진 사람의 질문을 듣고 '-자마자'를 사용해 대답하세요.
3. 대답을 했으면 다음 칸으로 이동해서 똑같은 방법으로 게임을 하세요. 대답하지 못했으면 그 칸에서 역할을 바꿔 질문하고 대답하세요.
4. 먼저 '도착'에 온 사람이 이겨요.

출발 ⇨ (1) 고등학교를 졸업한 후에 뭐 했어요? ⇨ (2) 용돈을 받으면 제일 먼저 뭐 해요? ⇨ (3) 한국에 와서 제일 먼저 뭐 하고 싶었어요? ⇨ (4) 언제 친구에게 결혼 축하 문자를 보냈어요?

⇩

(5) 언제부터 배가 아팠어요? ⇦ (6) 언제 제주도에 여행 갈 거예요? ⇦ (7) 대학교에 합격하면 언제 이 소식을 부모님께 알려 드릴 거예요? ⇦ (8) 이 노래는 언제부터 인기를 끌었어요? ⇦ 도착

A 고등학교를 졸업한 후에 뭐 했어요?
B 저는 고등학교를 졸업하자마자 회사에 취직했어요.

4 다음을 보고 '-자마자'를 사용해 서로 묻고 답해 보세요. 그리고 새 대화도 만들어 보세요.

루이즈 씨, 아침에 일어나면 제일 먼저 뭐 해요?

저는 아침에 일어나자마자 시간을 확인해요.

(1) 아침에 일어나면 제일 먼저 뭐 해요?

(2) 지하철을 타면 제일 먼저 뭐 해요?

(3) 언제 위칭에게 전화할 거예요?

(4) 언제부터 비가 오기 시작했어요?

(5)

(6)

듣기

1 다음은 학교 도서관이에요. 두 사람은 지금 여기에서 뭐 하고 있어요?

2 다음은 진차오와 유나의 대화예요. 잘 듣고 물음에 답해 보세요.

6

(1) 대화 상황으로 가장 알맞은 것을 골라 보세요.

①

②

③

(2) 들은 내용과 맞지 않는 것을 골라 보세요.

① 읽고 싶은 책을 찾을 때 홈페이지의 자료 검색이라는 곳에 책 이름을 쓰면 돼요.
② 대출 기간은 일주일이고 일주일이 지나면 대출 기간을 연장할 수 없어요.
③ 주말에는 학교에 있는 자동 반납기에 책을 반납하면 돼요.

(3) 두 사람이 다음 날 할 행동으로 알맞은 것을 골라 보세요.

① 진차오가 도서관에 가서 유나의 설명처럼 해 볼 거예요.
② 유나와 진차오는 함께 도서관에 같이 가서 책을 찾을 거예요.
③ 진차오는 남은 일을 하고 유나가 도서관에 가서 책을 찾을 거예요.

3 학교 시설 중에서 여러분이 이용해 보고 싶은 시설은 뭐예요? 그곳은 어떻게 이용해요? 친구와 이야기해 보세요.

2 춤이 멋있고 화려했거든요

문법 3

1 다음 대화를 듣고 질문에 알맞은 답을 골라 보세요. 7

(1) 올리버는 왜 경복궁에 갈 거예요?

① 올리버가 구경하고 싶어서요.
② 친구가 역사에 관심이 있어서요.

(2) 위칭은 왜 김치볶음밥을 먹고 싶어 해요?

① 먹어 본 적이 없어서요.
② 점심으로 먹기 좋아서요.

2 어떤 일을 한 이유를 말할 때 어떻게 말해요? 다음 대화를 듣고 따라 해 보세요. 8

A 루이즈 씨, 주말에 뭐 했어요?
B 댄스 학원에 갔어요. 요즘 케이팝 댄스를 배우거든요. 진영 씨는 뭐 했어요?
A 집에서 계속 잤어요. 지난주에 시험이 있어서 준비 때문에 피곤했거든요.

A/V-거든요

'-거든요'는 형용사, 동사, '이다'와 함께 쓰여 앞의 내용에 대한 이유나 사실 등을 당연한 것처럼 말할 때 사용된다.

예) A 왜 두꺼운 스웨터를 입었어요?
B 요즘 사무실이 좀 춥거든요.

A 점심을 왜 이렇게 늦게 먹어요?
B 수업이 1시 넘어서 끝났거든요.

A 오늘은 회사에 안 가요?
B 네. 오늘부터 휴가거든요.

3 다음을 보고 '-거든요'를 사용해 말해 보세요.

(1)

선약이 있다

(2)

동생이 아프다

(3)

배탈이 난 것 같다

(4)

어젯밤에 거의 못 잤다

(5)

선생님과 상담하기로 했다

(6)

오늘 부모님이 한국에 오시다

A 오늘 수업 후에 같이 점심 먹을래요?

B 미안해요. 오늘은 안 될 것 같아요. 선약이 있거든요.

4 다음을 보고 ✓표 하세요. '-거든요'를 사용해 서로 묻고 답해 보세요. 그리고 새 대화도 만들어 보세요.

본 영화를 다시 또 본 적이 있어요?

네. <사랑과 우정>을 여러 번 봤어요. 좋아하는 배우가 나오거든요.

	질문	네	아니요
(1)	본 영화를 다시 또 본 적이 있어요?	✓	
(2)	보통 아침에 밥을 먹어요?		✓
(3)	학교에 올 때 보통 지하철을 타요?		
(4)	고향에 계신 부모님께 어제 전화했어요?		
(5)			
(6)			

듣고 쓰기

1 다음을 보고 안나와 상우가 무엇에 대해 이야기하고 있는지 말해 보세요.

2 다음은 한국에서 해 보고 싶은 것에 대한 대화예요. 잘 듣고 물음에 답해 보세요. 9

(1) 대화를 잘 들으세요. 들은 내용 중 중요한 것을 메모해 보세요.

(2) 다시 대화를 듣고 물음에 답해 보세요.

1) 안나는 한국에 와서 무엇을 해 보고 싶었어요?

2) 안나는 언제 명동에 갔어요? 거기에서 뭐 했어요?

3) 안나는 상우와 주말에 뭘 할 것인지 알맞은 것을 골라 보세요.

①

②

③

(3) 한 번 더 들으세요. 들으면서 잘못 들었거나 새롭게 들은 내용을 (1)에 추가해 써 보세요.

3 3~4명씩 모여서 **2**의 내용을 바탕으로 글을 써 보세요.

(1) **2**의 (1)을 서로 비교하면서 같은 것과 다른 것이 무엇인지 확인해 보세요.

(2) **2**의 내용을 '-자마자'와 '-거든요'를 사용해 6~7문장의 글로 완성해 보세요.

안나는 한국에 오면 길거리 음식을 먹고 싶었어요. ______________________

____

____

____

____

____

____

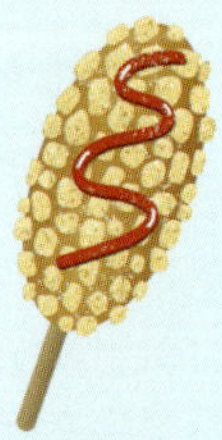

(3) (2)의 내용과 표현이 맞는지 157쪽의 듣기 지문과 비교해 보세요.

읽고 말하기

1 다음은 루이즈가 이번 학기에 하고 싶은 것이에요. 하고 싶은 것이 무엇인지 다음을 보고 말해 보세요.

2 다음은 루이즈가 이번 학기에 하고 싶은 일에 대해 쓴 글이에요. 글을 읽고 다음에 메모해 보세요.

안녕하세요? 저는 프랑스에서 온 루이즈예요. 저는 케이팝 댄스를 좋아해요. 제가 케이팝 댄스에 관심을 갖게 된 것은 한국 가수의 콘서트를 본 후부터예요. 프랑스에 있을 때 콘서트에 갔는데 거기서 케이팝 댄스를 보고 반했어요. 여러 명이 춤을 추었는데 한 사람이 추는 것처럼 춰서 멋있고 화려했거든요. 그것을 보고 케이팝 댄스를 배우고 싶어졌어요. 그래서 6개월 전에 한국에 와서 오전에는 한국어를 배우고 오후에는 댄스를 배우고 있어요.

저는 이번 학기에 다음 달에 하는 케이팝 댄스 오디션에 꼭 나가고 싶어요. 거기에 나가서 다른 사람들에게 제 춤을 보여 주고 싶어요. 그래서 주말에도 댄스 학원에 가서 연습해요. 몸은 힘들지만 하고 싶은 일을 하니까 즐거워요. 열심히 연습해서 다음 달 오디션에서 꼭 멋진 모습을 보여 줄 거예요.

무엇에 관심이 있어요?	케이팝 댄스
어떻게 해서 관심을 갖게 됐어요?	
이번 학기에 꼭 하고 싶은 것은 뭐예요?	

3 다음은 이번 학기에 하고 싶은 것이에요. 다음 중 하나를 골라 메모하면서 이야기를 만들어 보세요.

1박 2일 한옥 체험

- 한국 전통문화에 대해 관심이 많습니다.
- 100년이 된 한옥에서 한복을 입고 1박 2일 살아 보고 싶습니다.

도자기 만들기

- 한국 도자기의 모양과 색이 멋있어서 좋아합니다.
- 도자기를 직접 만들어 사용해 보고 싶습니다.

드라마를 촬영한 카페 구경

- 한국 드라마를 좋아해서 자주 봅니다.
- 드라마를 촬영한 예쁜 카페에서 사진을 찍어서 블로그에 올리고 싶습니다.

한강 공원에서 배달 음식 먹기

- 한국에서만 할 수 있는 것을 체험해 보는 것이 재미있습니다.
- 공원에서 친구와 음식을 시켜 먹어 보고 싶습니다.

무엇에 관심이 있어요?	
어떻게 해서 관심을 갖게 됐어요?	
이번 학기에 꼭 하고 싶은 것은 뭐예요?	

4 3~4명씩 모이세요. **3**의 메모를 보고 다음과 같이 말해 보세요. 그리고 다른 친구들의 질문에 답해 보세요.

A 제가 이번 학기에 하고 싶은 것은 케이팝 댄스 오디션에 나가는 거예요. 그리고 거기서 멋진 모습을 보여 주는 거예요. 제가 케이팝 댄스에 관심이 많거든요. …… 그래서 요즘 열심히 연습하고 있어요.

B 잘 들었어요. 그런데 케이팝 댄스는 주말에 몇 시간씩 연습해요?

5 각 팀에서 제일 흥미 있는 이야기를 골라 발표해 보세요.

3 목표를 이루기 위해 최선을 다할 거예요

어휘와 표현 2

1 다음은 유학 생활의 목표와 그것을 이루려는 노력에 대한 표현이에요. 소리 내 읽어 보세요. 그리고 의미를 알아보세요.

(1)

굳게 결심해요

(2)

수업에 집중해요

(3)

최선을 다해요

(4)

한국어 실력을 길러요

(5)

대학교에 진학해요

(6)

일자리를 구해요

(7)

대기업에 취직해요

(8)

회사를 차려요

2 다음 대화를 듣고 **1**의 표현을 사용해 문장을 완성해 보세요. 10

(1) 위칭은 한국에서 ______________________ 경제학을 전공하고 싶어 해요.

(2) 진차오는 한국어를 공부한 후에 ______________________ 싶어 해요.

(3) 유나는 졸업 후에 친구들과 같이 ______________________.

(4) 안나는 3급부터는 수업 시간에 다른 거 안 하고 ______________________.

(5) ______________________ 싶으면 한국 친구들과 한국어로 이야기도 하고 한국어 책도 읽으면 좋아요.

3 **1**의 표현을 사용해 친구와 이야기해 보세요.

(1) 친구들이 한국어를 공부하는 목표와 그 이유는 무엇인 것 같아요?

(2) 어떻게 하면 그 목표를 이룰 수 있을까요?

문법 4

1 다음을 읽고 색칠한 부분이 어떤 의미일지 추측해 보세요.

지난 학기에 2급 같은 반에서 공부한 엘렌이 2급에서 1등을 해서 장학금을 받았어요. 이번 학기에 저도 열심히 공부해서 장학금을 받고 싶어요. 그래서 **장학금을 받기 위해서** 요즘 매일 도서관에서 공부하고 있어요.

2 어떤 일이 일어나게 된 목적이나 의도를 말할 때 어떻게 말해요? 다음 대화를 듣고 따라 해 보세요. 11

마테오 씨는 한국에 온 특별한 이유나 목표가 있으세요?

한국에서 멕시코 식당을 열고 싶습니다. 그래서 한국 사람들이 좋아하는 맛을 알**기 위해** 유명한 식당들을 다녀 보고 있습니다.

위칭 씨는 한국어를 잘하**기 위해** 어떻게 공부하고 있습니까?

저는 한국어 실력을 기르**기 위해서** 수업을 열심히 듣고 말하기도 열심히 하고 있습니다.

V-기 위해(서)

'-기 위해(서)'는 동사와 같이 쓰여 앞의 행위가 뒤의 상황이나 행동이 발생하게 된 목적이나 의도가 됨을 나타낸다.

예) 어려운 사람을 돕기 위해 우리 모두 힘을 모읍시다.
수업 시간에 발표하기 위해 발표 자료를 만들고 있어요.
학교에 늦지 않기 위해서 매일 일찍 일어나요.

3 다음 하는 일에 맞는 목적은 무엇이에요? '-기 위해(서)'를 사용해 말해 보세요.

하는 일

(1)

돈을 모으다

(2)

매일 훈련하다

(3)

텐트를 샀다

(4)

증명사진을 찍었다

(5)

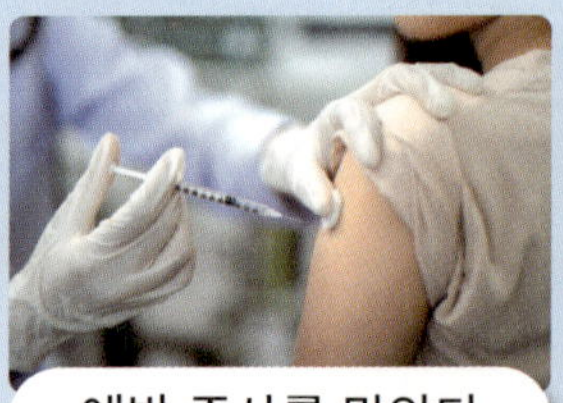

예방 주사를 맞았다

(6)

휴대 전화에 약속을 메모하다

목적

새로 나온 노트북을 사다

메달을 따다

여권을 만들다

독감에 걸리지 않다

아이들과 캠핑을 가다

약속을 잊어버리지 않다

A 왜 돈을 모아요?

B 새로 나온 노트북을 사기 위해 돈을 모으고 있어요.

4 다음을 보고 '-기 위해(서)'를 사용해 서로 묻고 답해 보세요. 그리고 새 대화도 만들어 보세요.

왜 노래를 열심히 연습해요?

	질문	대답
(1)	노래를 열심히 연습하다	노래 대회에 나가다
(2)	비행기표를 1년 전에 예매했다	비행기표를 싸게 사다
(3)	같은 단어를 여러 번 외우다	
(4)	피피티(PPT) 자료를 만들었다	
(5)		
(6)		

노래 대회에 나가기 위해서 노래를 열심히 연습하고 있어요.

말하기

친구의 걱정을 듣고 그 걱정에 대한 해결 방법을 조언하려고 해요. 걱정하는 친구를 위로하고 걱정에 대한 해결 방법을 조언하는 역할극을 해 보세요.

1 다음은 역할극의 상황이에요. 다음을 보고 어떤 상황인지 친구와 이야기해 보세요.

진차오는 한국어 실력이 늘지 않아 걱정이에요. 진차오는 다샤에게 자신의 걱정에 대해 이야기해요. 다샤는 진차오의 걱정을 듣고 위로하고 진차오에게서 한국어를 배우는 목적을 들어요. 그리고 진차오에게 한국어 실력이 좋아지는 방법에 대해서 조언해요.

(1) 여러분은 걱정에 대해 위로하거나 걱정의 해결 방법에 대해 조언을 구하고 조언할 때 어떻게 말해요? 이때 사용하는 표현을 써 보세요. 그리고 진차오와 다샤가 되어 역할극을 해 보세요.

기능	표현
걱정 듣고 위로하기	
걱정의 해결 방법에 대해 조언 구하고 조언하기	

① 다샤에게 한국어 실력이 늘지 않아서 걱정하는 것을 말하세요.

진차오

① 진차오의 걱정을 듣고 위로하세요.

② 다샤에게 한국어를 잘하는 방법에 대해 조언을 구하세요.

다샤

② 한국어를 잘하는 방법에 대해 조언하세요.

(2) (1)에서 만든 대화에 대해 말해 보세요.

여러분은 친구의 걱정을 듣고 위로할 때 어떻게 말했어요?

걱정을 해결할 수 있는 방법에 대해 조언을 구할 때나 친구의 걱정에 대해 조언할 때 어떻게 말했어요?

2 **친구의 걱정을 듣고 위로할 때와 걱정에 대해 조언을 구하고 친구의 걱정에 대해 조언할 때 어떻게 말하는지 알아보세요.**

(1) 친구의 걱정을 듣고 위로할 때 어떻게 표현할까요?

걱정 듣고 위로하기

A 한국에 온 지 한 달이 다 돼 가는데 한국어가 늘지 않아서 걱정이에요.

B
- 염려하지 마세요. 한국에 온 지 얼마 안 돼서 그럴 거예요. 곧 좋아질 거예요.
- 저도 한국에 와서 처음엔 고생했어요. 시간이 지나면 괜찮아질 거예요. 걱정 마세요.
- 걱정하지 마세요. 저도 그랬어요. 처음이라서 그럴 수 있어요. 조금 지나면 실력이 늘 거예요.

(2) 걱정의 해결 방법에 대해 조언을 구하고 친구의 걱정에 대해 조언할 때 어떻게 표현할까요?

걱정의 해결 방법에 대해 조언 구하고 조언하기

A
- 어떻게 하면 한국어를 잘할 수 있어요?
- 지금보다 한국어 실력이 좋아지기 위해 어떻게 해야 할까요?

B
- 한국어 실력을 기르기 위해서는 먼저 수업에 집중해야 돼요.
- 한국어를 잘하기 위해서는 한국어 수업을 열심히 들어 보세요.
- 한국어를 잘하고 싶으면 제일 먼저 한국어 수업 시간에 집중해서 들어요.

3 다음 대화를 들은 후 읽어 보세요. 그리고 대화 내용과 순서를 알아보세요.

12

친구의 걱정 듣고 위로하기

다샤 진차오 씨, 무슨 걱정이 있어요?

진차오 한국에 온 지 한 달이 다 돼 가는데 한국어가 늘지 않아서 걱정이에요.

다샤 저도 한국에 와서 처음엔 고생했어요. 시간이 지나면 괜찮아질 거예요. 걱정 마세요.

한국어 공부하는 목적 묻고 답하기

진차오 다샤 씨도 그랬군요. 저는 한국 대학교에 진학하기 위해 공부하는 거라서 한국어 실력이 더 좋아져야 하는데……. 다샤 씨는 왜 한국어를 공부해요?

다샤 저도 한국 대학교에 들어가기 위해서 공부해요.

걱정의 해결 방법에 대해 조언 구하고 조언하기

진차오 그렇군요. 그런데 다샤 씨는 한국어 공부를 어떻게 해요? 어떻게 하면 다샤 씨처럼 한국어를 잘할 수 있어요?

다샤 한국어 실력을 기르기 위해서는 먼저 수업에 집중해야 돼요. 그리고 수업에서 배운 걸 계속 사용해야 하고요.

진차오 알겠어요. 그렇게 해 볼게요. 정말 고마워요.

4 다음 대화 상황과 역할을 읽고 **2**와 **3**에서 배운 것을 활용해 사람 1과 사람 2가 되어 역할극을 해 보세요.

사람 1

사람 2에게 걱정이 있는지 물어보세요. 사람 2의 걱정을 듣고 위로해 주고 한국어를 공부하는 목적에 대해 서로 이야기하세요. 그리고 사람 2의 걱정에 대한 해결 방법도 조언하세요.

한국 회사에 취직하려고 한국어를 배우는데 면접시험에서 한국어 때문에 떨어져서 걱정이에요. 사람 1의 위로를 듣고 한국어 공부 목적을 서로 이야기하세요. 그리고 사람 1에게 걱정의 해결 방법에 대해 조언을 구하세요.

사람 2

5 친구와 같이 만든 역할극을 발표해 보세요.

읽고 쓰기

1 다음은 목표를 이루기 위해 새롭게 결심한 글이에요. 밑줄 친 각 단락의 첫 문장만 읽고 그 단락이 어떤 내용일지 추측해 보세요.

새 학기에 한 결심

저는 한국에 오기 전에 액세서리 회사에서 디자이너로 일했습니다. 그런데 그때 한국 액세서리의 디자인이 아름답고 독특한 것을 알게 되어 한국에 유학 와서 한국의 패션이나 액세서리 디자인에 대해 더 공부하고 싶어졌습니다. 그래서 저는 작년에 회사를 그만두고 한국에 왔습니다.

처음 한국에 와서 1급을 시작할 때는 회사까지 그만두고 왔으니까 '정말 열심히 공부할 거야.'라고 굳게 결심했습니다. (Ⓐ) 한국 생활이 너무 재미있고 즐거웠기 때문입니다. (Ⓑ) 새로 사귄 친구들과 수업 후에 여기저기 놀러 다녔습니다. (Ⓒ) 그래도 1급 때는 성적이 좋았습니다. 하지만 2급은 달랐습니다. 성적이 안 좋았습니다.

그래서 3급부터는 한국어 공부에 집중하기로 결심했습니다. 저는 요즘 집에 가자마자 복습도 하고 예습도 합니다. 한국어 실력을 길러서 앞으로 디자인을 깊이 공부하고 싶습니다. 그리고 고향에 돌아가서 멋진 액세서리 회사를 차리고 싶습니다. 이 목표를 이루기 위해 최선을 다할 겁니다.

2 위의 글을 읽으세요. 읽은 후에 **1**에서 추측한 내용과 다른 것이나 새로 알게 된 것이 있어요? 써 보세요.

추측한 내용과 다른 내용	새로 알게 된 내용

3 다음 물음에 답해 보세요.

(1) 다음 문장이 들어갈 곳으로 알맞은 것을 골라 보세요.

> 하지만 그 결심은 오래가지 못했습니다.

① Ⓐ ② Ⓑ ③ Ⓒ

(2) 다음 중 위의 글의 내용으로 맞지 않는 것을 골라 보세요.

① 한국에 오기 전에 액세서리 디자이너로 일했습니다.
② 한국의 액세서리 디자인에 관심이 많습니다.
③ 앞으로 한국에서 패션 사업을 하고 싶습니다.

(3) 다음 중 알맞은 것을 골라 보세요.

① 결심과 다르게 1급에서는 공부에 집중하지 못했습니다.
② 2급에서는 열심히 공부했지만 성적이 안 좋았습니다.
③ 장학금을 받기 위해 3급에서는 열심히 공부하고 있습니다.

(4) 앞으로의 계획을 써 보세요.

①

②

4 새 학기가 되어 한국 유학 생활의 목표와 그 목표를 이루기 위해 결심하는 글을 쓰려고 해요.

(1) 여러분의 생각을 써 보세요.

한국 유학 생활의 목표는 무엇입니까?	
목표를 이루기 위해 이번 학기에 결심한 것은 무엇입니까?	
어떻게 노력할 겁니까?	

(2) (1)을 바탕으로 한국 유학 생활의 목표와 그 목표를 이루기 위해 결심하는 글을 써 보세요.

+ 더 알아보기

N에 대해(서), N에 대한

'에 대해(서)'는 명사와 함께 쓰여 앞의 내용을 대상으로 해서 뒤의 상황이나 행동이 이루어짐을 나타낸다. 뒤에 명사가 올 때는 '에 대한+명사'의 형태로 사용된다.

예) 오늘 숙제는 한국의 전통 음식에 대해 조사하는 거예요.
여러 선수들이 나와서 지난 올림픽 경기에 대해서 이야기했어요.
서울 교통 문제에 대한 토론회가 내일 진행될 예정입니다.

어휘와 표현 확인

의미를 아는 어휘나 표현에 √표 해 보세요.

1 단어를 외우는 중이에요

- ☐ 출석을 부르다
- ☐ 책을 대출하다
- ☐ 성적표를 받다
- ☐ 자료를 찾다
- ☐ 대출 기간을 연장하다
- ☐ 공책에 필기하다
- ☐ 외우다
- ☐ 현금 인출기
- ☐ 쿠키
- ☐ 보고서
- ☐ 작성
- ☐ 마무리하다
- ☐ 뛰어가다
- ☐ 다행히
- ☐ 용돈
- ☐ 인기를 끌다
- ☐ 확인하다
- ☐ 가운데
- ☐ 검색
- ☐ 곳곳
- ☐ 24시간
- ☐ 자동
- ☐ 언제든지

2 춤이 멋있고 화려하거든요

- ☐ 학원
- ☐ 선약
- ☐ 어젯밤
- ☐ 우정
- ☐ 길거리 음식
- ☐ 호떡
- ☐ 감자 핫도그
- ☐ 싫어지다
- ☐ 보여 주다
- ☐ 전통문화
- ☐ 도자기
- ☐ 모양
- ☐ 시키다
- ☐ 모습

3 목표를 이루기 위해 최선을 다할 거예요

- ☐ 굳게 결심하다
- ☐ 수업에 집중하다
- ☐ 최선을 다하다
- ☐ 한국어 실력을 기르다
- ☐ 대학교에 진학하다
- ☐ 일자리를 구하다
- ☐ 대기업에 취직하다
- ☐ 회사를 차리다
- ☐ 꿈을 이루다
- ☐ 장학금을 받다
- ☐ 훈련하다
- ☐ 텐트
- ☐ 증명사진
- ☐ 예방 주사를 맞다
- ☐ 메달을 따다
- ☐ 피피티(PPT)
- ☐ 늘다
- ☐ 염려하다
- ☐ 얼마 안 되다
- ☐ 시간이 지나다
- ☐ 조언을 구하다
- ☐ 액세서리
- ☐ 독특하다
- ☐ 패션
- ☐ 깊이
- ☐ 오래가다

2 단원 성격과 외모

소단원 1
- 성격에 대한 어휘와 표현 익히기
- A/V-(으)ㄴ/는 편이다
  A/V-(ㄴ/는)다
- 친구의 성격에 대한 대화 듣기

소단원 2
- A/V-잖아요
- 성격 차이에 대한 대화 듣고 쓰기
- 성격 유형에 대해 읽고 말하기

소단원 3
- 액세서리에 대한 어휘와 표현 익히기
- A-아/어 보이다
- 특별한 날의 옷차림에 대해 말하기
- 인물 묘사의 글 읽고 쓰기

A

B

C

다음 대화를 듣고 A, B, C 중에서 알맞은 사진을 찾아 써 보세요.

1. (　　　　　)
2. (　　　　　)
3. (　　　　　)

13

1 성격이 꼼꼼한 편이에요?

어휘와 표현 1

1 다음은 성격에 대한 표현이에요. 소리 내 읽어 보세요. 그리고 의미를 알아보세요.

(1)

게을러요

(2)

느긋해요

(3)

성실해요

(4)

꼼꼼해요

(5)

까다로워요

(6)

긍정적이에요

(7)

내성적이에요

(8)

사교적이에요

2 다음 대화를 듣고 **1**의 표현을 사용해 문장을 완성해 보세요. 14

(1) 엘렌이 ____________________ 성격이라서 친해지기가 어려워요.

(2) 마테오는 ____________________ 숙제도 열심히 하고 지각도 하지 않아요.

(3) 수진 씨의 아들은 ____________________ 씻는 것도, 밥 먹는 것도 귀찮아해요.

(4) 진차오의 성격이 ____________________ 진차오와 함께 있으면 마음이 편안하고 기분이 좋아져요.

(5) 엘렌은 ____________________ 안나는 성격이 급해서 두 사람이 같이 발표 준비를 하면 힘들 것 같아요.

3 **1**의 표현을 사용해 친구와 이야기해 보세요.

(1) 여러분은 성격이 어때요? 여러분은 성격이 어떤 사람과 잘 맞아요?

(2) 여러분의 성격에서 바꾸고 싶은 점이 있어요?

문법 1

1 다음을 읽고 색칠한 부분이 어떤 의미일지 추측해 보세요.

어제 친구와 학교 근처 맛집에 갔습니다. 그 식당은 김치찌개와 비빔밥으로 유명한 곳이었습니다. 친구는 매운 음식을 잘 못 먹어서 비빔밥을 먹었습니다. 그런데 저는 매운 음식을 잘 **먹는 편이라서** 김치찌개를 주문했는데 정말 맛있었습니다.

2 대체로 어떤 쪽에 가깝다고 말할 때 어떻게 말해요? 다음 대화를 듣고 따라 해 보세요. 15

A-은 편이다/ㄴ 편이다
V-은 편이다/ㄴ 편이다, -는 편이다

'-(으)ㄴ/는 편이다'는 형용사, 동사, '이다'와 함께 쓰여 어떤 사실에 대해 그것이 대체로 어떤 쪽에 가깝다고 평가할 때 사용된다.

예) 동생은 저보다 키가 크고 조금 마른 편입니다.
저는 공포 영화를 싫어해서 거의 보지 않는 편이에요.
조슈아기 한국에 온 지 10년 됐으니까 한국에 오래 산 편이에요.

3 학생 A와 B가 되어 '-(으)ㄴ/는 편이다'를 사용해 말해 보세요. 그리고 친구의 대답을 듣고 √표 해 보세요.

학생 A

학생 B p.152 >

[회사 생활] 질문하세요!

(1) 지금 다니는 회사가 커요?	☐ 네	☑ 아니요
(2) 출퇴근 시간이 오래 걸려요?	☐ 네	☐ 아니요
(3) 회사에서 야근을 자주 해요?	☐ 네	☐ 아니요
(4) 작년에 해외 출장을 많이 갔어요?	☐ 네	☐ 아니요

[한국 생활] 대답하세요!

(5) 한국 친구가 열 명쯤 있다	☑ 네	☐ 아니요
(6) 학교까지 걸어서 10분이면 갈 수 있다	☑ 네	☐ 아니요
(7) 일주일에 다섯 번 정도 먹다	☑ 네	☐ 아니요
(8) 지금까지 부산밖에 못 가 봤다	☐ 네	☑ 아니요

A 올리버 씨, 지금 다니는 회사가 큰 편이에요?

B 아니요. 크지 않은 편이에요. 직원이 스무 명 정도 돼요.

4 다음을 보고 √표 하세요. '-(으)ㄴ/는 편이다'를 사용해 서로 묻고 답해 보세요. 그리고 새 대화도 만들어 보세요.

돈을 아껴 쓰는 편이에요?

네. 저는 필요한 걸 미리 생각해서 꼭 필요한 것만 사요. 돈을 아껴 쓰는 편이에요.

	질문	대답	
		전혀 그렇지 않다	매우 그렇다
(1)	돈을 아껴 써요?		√
(2)	입맛이 까다로워요?	√	
(3)	쉬는 날 보통 집에 있어요?		
(4)	익숙한 것보다 새로운 것을 좋아해요?		
(5)			
(6)			

문법 2

1 다음을 읽어 보세요. 문장의 끝맺음을 나타내는 표현을 찾아 모두 밑줄을 그어 보세요. 그리고 그림에 맞는 표현도 찾아보세요.

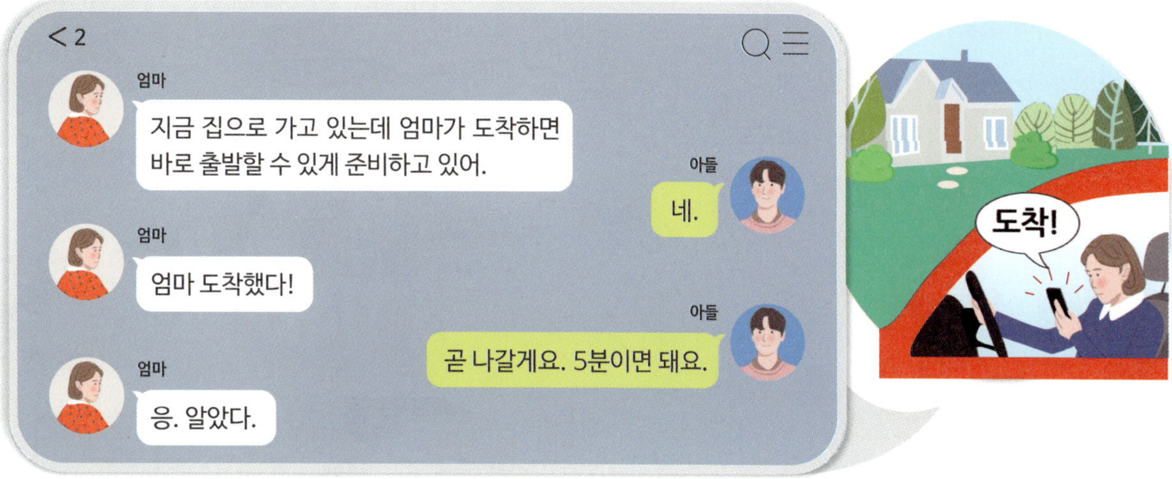

2 아랫사람이나 친한 사람에게 어떤 사실이나 행동을 말할 때 어떻게 말해요? 다음 대화를 듣고 따라 해 보세요. 16

A-다
V-는다/ㄴ다

'-(ㄴ/는)다'는 형용사, 동사, '이다'와 함께 쓰여 사실이나 행동을 서술하면서 문장을 끝맺을 때 사용된다. 듣는 사람이 말하는 사람보다 아랫사람이거나 친한 사이에서 사용된다. 혼잣말할 때도 사용할 수 있다.

예)
A 얘들아, 아빠 출근하신다.
B 안녕히 다녀오세요.

A 이 신발 예쁘다.
B 들어가서 한번 신어 봐.

A 내일부터 방학이다!
B 그래? 방학에 뭐 할 거야?

3 두 사람이 쇼핑몰에서 무엇을 해요? 다음 질문에 알맞은 그림은 무엇이에요? '-(ㄴ/는)다'를 사용해 말해 보세요.

(1) 저기에 주차할까?

(2) 피아노 연주 잠깐 듣고 갈까?

(3) 상우한테 이 지갑을 선물할까?

(4) 여기에서 점심을 먹을까?

(5) 밖에서 커피를 마실까?

(6) 이제 영화관으로 갈까?

A 저기에 주차할까?

B 응. 저기에 주차하자. 저기 자리가 있다.

4 다음을 보고 '-(ㄴ/는)다'를 사용해 서로 묻고 답해 보세요. 그리고 새 대화도 만들어 보세요.

이거 내가 만들었는데 맛이 어때?

맛있는데 조금 짜다.

(1) 이거 내가 만들었는데 맛이 어때?

(2) 내가 한국어로 글을 썼는데 한번 봐 줄래?

(3) 어제 이 바지를 샀는데 나한테 잘 어울려?

(4) 이 노래 내가 좋아하는 가수의 신곡인데 어때?

(5)

(6)

듣기

1 다음은 사람의 성격을 보여 주는 행동이에요. 각 사람의 성격이 어떤 것 같아요?

2 다음은 쇼타와 위칭의 대화예요. 잘 듣고 물음에 답해 보세요. 17

(1) 대화 상황으로 가장 알맞은 것을 골라 보세요.

①

②

③

(2) 두 사람의 성격에 대해 들은 내용과 맞는 것을 골라 보세요.

① 쇼타는 성격이 급하고 꼼꼼하지 않아요.
② 위칭은 꼼꼼하지 않아서 중요한 것을 자주 놓쳐요.
③ 쇼타와 위칭은 성격이 비슷해서 일을 빨리 하는 편이에요.

(3) 위칭이 대화 후에 할 행동으로 알맞은 것을 골라 보세요.

① 공책을 복사할 거예요.
② 공책을 보고 쓸 거예요.
③ 공책을 사진 찍을 거예요.

3 여러분 성격의 장점과 단점이 뭐예요? 성격의 장점과 단점이 여러분의 어떤 행동에 잘 나타나는 것 같아요? 친구와 이야기해 보세요.

2 사람마다 성격이 다르잖아요

문법 3

1 다음 대화를 듣고 질문에 알맞은 답을 골라 보세요. 18

(1) 루이즈는 왜 친구들에게 인기가 많을까요?

① 성격이 밝고 좋아서요.
② 친구를 잘 도와줘서요.

(2) 진차오는 친구를 언제 만나기로 했어요?

① 금요일에 만나기로 했어요.
② 토요일에 만나기로 했어요.

2 어떤 상황을 확인시켜 주거나 정정해 줄 때 어떻게 말해요? 다음 대화를 듣고 따라 해 보세요. 19

A/V-잖아요

'-잖아요'는 형용사, 동사, '이다'와 함께 쓰여 말하는 사람이 듣는 사람에게 어떤 상황을 확인시키거나 정정해 주는 것처럼 말할 때 사용된다. 주로 구어에서 쓴다.

예) A 이 식당은 항상 사람이 많네요.
B 음식이 맛있고 저렴하잖아요.

A 지금도 밖에 비가 와요?
B 네. 장마철에는 비가 자주 오잖아요.

A 저 선수 농구 정말 잘한다.
B 세계 최고의 농구 선수잖아.

3 다음을 보고 '-잖아요'를 사용해 말해 보세요.

(1) 올리버

주말마다 산에 가다

(2) 진영

취미가 독서다

(3) 위칭

추위를 많이 타다

(4) 상우

얼마 전에 취직했다

(5) 진차오

요즘 햇빛이 강하다

(6) 엘렌

액세서리에 관심이 많다

A 올리버 생일에 어떤 선물을 하면 좋을까요?

B 등산화를 선물하는 게 어때요? 올리버가 주말마다 산에 가잖아요.

4 다음을 보고 '-잖아요'를 사용해 서로 이야기해 보세요. 그리고 새 대화도 만들어 보세요.

도서관에 빈자리가 없네요.

이번 주까지 시험이잖아요. 그래서 도서관에 사람이 많은 것 같아요.

	상황	이유
(1)	도서관에 빈자리가 없다	이번 주까지 시험이다
(2)	아침에 산 김밥이 상했다	요즘 날씨가 덥고 습하다
(3)	마테오가 한국어를 잘하다	
(4)	요즘 감기 환자가 많아졌다	
(5)		
(6)		

듣고 쓰기

1 다음을 보고 다샤와 다샤의 친구가 여행 가서 무엇을 했는지 말해 보세요.

2 다음은 성격 차이에 대한 대화예요. 잘 듣고 물음에 답해 보세요. 20

(1) 대화를 잘 들으세요. 들은 내용 중 중요한 것을 메모해 보세요.

(2) 다시 대화를 듣고 물음에 답해 보세요.

1) 다샤는 부산 여행이 어땠어요?

2) 다샤의 성격과 친구의 성격이 어때요?

• 다샤:

• 친구:

3) 다샤는 부산에서 무엇을 했는지 알맞은 것을 골라 보세요.

① 첫째 날

② 둘째 날

③ 마지막 날

(3) 한 번 더 들으세요. 들으면서 잘못 들었거나 새롭게 들은 내용을 (1)에 추가해 써 보세요.

3 3~4명씩 모여서 2 의 내용을 바탕으로 글을 써 보세요.

(1) 2 의 (1)을 서로 비교하면서 같은 것과 다른 것이 무엇인지 확인해 보세요.

(2) 2 의 내용을 '-(으)ㄴ/는 편이다'와 '-잖아요'를 사용해 6~7문장의 글로 완성해 보세요.

다샤는 친구와 부산 여행을 다녀왔어요. ______________________________

(3) (2)의 내용과 표현이 맞는지 161쪽의 듣기 지문과 비교해 보세요.

읽고 말하기

1 다음은 좋아하는 계절에 따라 성격 유형을 나누는 방법이에요. 여러분은 어디에 해당하는지 말해 보세요.

즉흥적이고 자유로워요. | 활발하고 사교적이에요. | 계획적이고 성실해요. | 마음이 따뜻하고 친절해요.

2 다음은 성격 유형에 대해 쓴 글이에요. 글을 읽고 다음에 메모해 보세요.

사람마다 외모가 다른 것처럼 성격도 다릅니다. 이성적인 사람과 감정적인 사람은 판단 방식에 차이가 있습니다. 이성적인 사람은 맞는 것과 틀린 것을 중요하게 생각합니다. 그래서 먼저 사실을 확인한 후에 '어떻게 하는 것이 맞을까?' 생각해서 행동합니다. 이와 달리 감정적인 사람은 서로의 마음과 생각을 중요하게 생각합니다. 다른 사람의 감정을 이해하고 그 사람과의 관계를 생각해서 행동합니다.

계획적인 사람과 즉흥적인 사람은 생활 방식이 다릅니다. 계획적인 사람은 행동하기 전에 미리 계획을 세우고 그 계획에 따라서 움직입니다. 그래서 해야 할 일을 미루지 않고 약속을 잘 지키는 편입니다. 즉흥적인 사람은 그때그때 상황에 맞게 행동합니다. 그렇기 때문에 자유롭고 변화에 적응을 잘하는 편입니다.

	유형	특징
A	이성적인 성격	• 맞는 것과 틀린 것을 중요하게 생각합니다. •
		• • 다른 사람의 감정을 이해하고 그 사람과의 관계를 생각해서 행동합니다.
B		• 행동하기 전에 미리 계획을 세우고 그 계획에 따라서 움직입니다. •
	즉흥적인 성격	• •

3 여러분은 어떤 성격이에요? 여러분의 성격 유형을 알아보고 자신의 성격에 대해 메모해 보세요.

(1) 다음은 성격 유형에 관련된 질문이에요. 여러분은 어떤지 √표 해 보세요.

	성격 유형 검사	네	아니요
A	이성보다 감정을 따릅니다.	□	□
	인간관계에 관심이 많습니다.	□	□
	다른 사람의 감정을 빨리 아는 편입니다.	□	□
	다른 사람이 우는 모습을 보면 나도 눈물이 납니다.	□	□
	어떤 일이 맞고 틀린 것보다 나에게 좋고 나쁜 것이 더 중요합니다.	□	□
B	계획 세우는 것을 좋아합니다.	□	□
	해야 할 일을 미루지 않는 편입니다.	□	□
	미리 세운 계획에 따라서 움직입니다.	□	□
	갑자기 계획이 바뀌면 스트레스를 많이 받습니다.	□	□
	다양한 상황을 생각해서 계획을 여러 개 세웁니다.	□	□

확인해 볼까요?

A에서	'네'가 더 많으면 여러분은 감정적인 사람이에요. '아니요'가 더 많으면 여러분은 이성적인 사람이에요.
B에서	'네'가 더 많으면 여러분은 계획적인 사람이에요. '아니요'가 더 많으면 여러분은 즉흥적인 사람이에요.

(2) 여러분의 성격 유형에 √표 하고 다음 상황에서 어떻게 하는지 구체적으로 메모해 보세요.

이성적 □ 감정적 □	시험에 떨어졌을 때 어떻게 해요?	
	친구에게 교통사고가 났을 때 제일 먼저 어떤 말을 할 거예요?	
계획적 □ 즉흥적 □	발표 준비를 언제부터, 어떻게 해요?	
	약속이 갑자기 취소되면 어떻게 해요?	

4 3~4명씩 모이세요. 3의 메모를 보고 다음과 같이 말해 보세요. 그리고 다른 친구들의 질문에 답해 보세요.

A 나는 이성적인 편이야. 시험에 떨어졌을 때 떨어진 이유를 생각해.…… 친구에게 교통사고가 났을 때 제일 먼저 "보험 회사에 전화했어?"라고 물어볼 것 같아.

B 정말 이성적이다. 그런데 시험에서 떨어지면 슬프잖아. 그럴 때는 어떻게 해?

5 각 팀에서 가장 성격이 다른 두 사람을 골라 성격이 어떻게 다른지 발표해 보세요.

3 키가 커 보이고 싶어요

어휘와 표현 2

1 다음은 액세서리에 관련된 표현이에요. 듣고 따라 해 보세요. 그리고 의미를 알아보세요. 21

(1)

예쁜 **반지**를 **끼고** 있어요.

(2)

요즘 이 **벨트**를 자주 **해요**.

(3)

목도리를 **둘러서** 따뜻해요.

(4)

반팔 옷에 **팔찌**를 **차고** 있어요.

(5)

생일 선물로 받은 **넥타이**를 **맸어요**.

(6)

머리가 내려오지 않게 **머리핀**을 **꽂았어요**.

2 1의 표현을 다음에 써 보세요. 그리고 여러분이 알고 있는 다른 표현도 써 보세요.

자주 하는 것	자주 하지 않는 것
예 반지를 껴요.	

3 2의 표현을 사용해 친구와 이야기해 보세요.

(1) 여러분은 지금 어떤 옷을 입고 어떤 액세서리를 하고 있어요?

(2) 여러분은 어떤 패션 스타일을 좋아해요? 왜 그 스타일을 좋아해요?

문법 4

1 두 사람이 보고 있는 사진은 뭐예요? 다음 대화를 듣고 알맞은 것을 골라 보세요. 22

(1)

(2)

2 어떤 사람이나 물건을 보고 짐작하거나 판단한 것을 말할 때 어떻게 말해요? 다음 대화를 듣고 따라 해 보세요. 23

A 회색하고 하늘색 티셔츠 중에서 뭐가 좋을까?
B 하늘색이 더 시원해 보여. 여름이니까 하늘색 티셔츠를 사는 게 어때?

A 이 원피스가 잘 어울려요, 아니면 아까 입은 게 더 잘 어울려요?
B 아까 입은 건 귀여워 보이고 지금 입은 건 세련돼 보여요.

A-아 보이다/어 보이다

'-아/어 보이다'는 형용사와 함께 쓰여 어떤 대상을 보고 짐작하거나 판단한 것을 표현할 때 사용된다.

예) 오늘 루이즈의 안색이 안 좋아 보이네요.
마테오는 저랑 동갑인데 저보다 어려 보여요.
이 운동화가 편해 보이는데 한번 신어 봐도 될까요?

3. 다음을 보고 '-아/어 보이다'를 사용해 말해 보세요.

(1)

이 소파로 사다

(2)

이 숙소를 예약하다

(3)

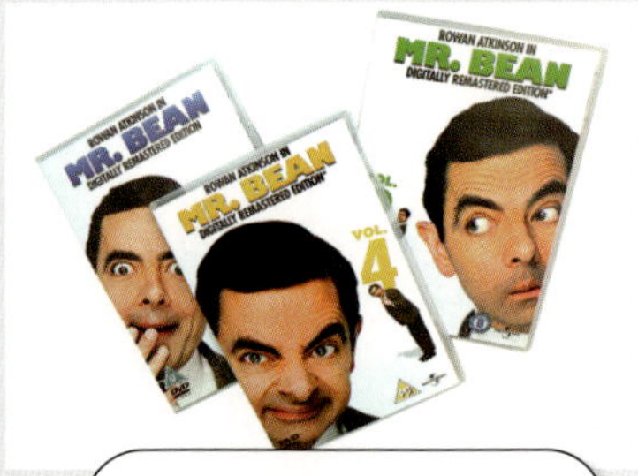

이 영화를 보러 가다

(4)

이 춤을 배워 보다

(5)

여기서 우리 반 모임을 하다

(6)

안나한테 이 가방을 선물하다

A 우리 이 소파로 살까요?

B 소파가 편안해 보이네요. 이 소파로 사요.

4. 다음을 보고 '-아/어 보이다'를 사용해 서로 이야기해 보세요. 그리고 새 대화도 만들어 보세요.

무슨 일 있어요? 바빠 보여요.

네. 내일까지 보고서를 써야 돼서 너무 바빠요.

	생각	상황
(1)	바쁘다	내일까지 보고서를 써야 되다
(2)	피곤하다	어제 늦게 잤다
(3)		감기에 걸렸다
(4)		지원한 대학교에 합격했다
(5)		
(6)		

말하기

상황에 어울리는 옷차림에 대해 이야기하려고 해요. 친구의 상황을 듣고 그 상황에 어울리는 옷과 그 옷에 어울리는 액세서리를 추천하는 역할극을 해 보세요.

1 다음은 역할극의 상황이에요. 다음을 보고 어떤 상황인지 친구와 이야기해 보세요.

안나가 집에서 친구 결혼식에 입고 갈 옷을 고르고 있어요. 안나는 옷장에서 까만색 정장을 꺼내 엘렌에게 물어봐요. 엘렌은 결혼식에 어울리는 하늘색 원피스를 추천해요. 안나는 그 원피스를 입기로 하고 엘렌과 그 옷에 할 액세서리를 골라요.

(1) 여러분은 친구가 고른 옷을 보고 상황에 어울리는 다른 옷을 추천하거나 액세서리를 추천하는 이유를 말할 때 어떻게 말해요? 이때 사용하는 표현을 써 보세요. 그리고 안나와 엘렌이 되어 역할극을 해 보세요.

기능	표현
상황에 어울리는 다른 옷 추천하기	
액세서리를 추천하는 이유 말하기	

① 엘렌에게 자신이 고른 옷에 대해 물어보세요.

안나

① 안나에게 결혼식에 어울리는 다른 옷을 추천하세요.

② 엘렌이 추천한 옷에 어울리는 액세서리를 물어보세요.

엘렌

② 액세서리를 추천하고 그 이유를 말하세요.

(2) (1)에서 만든 대화에 대해 말해 보세요.

여러분은 친구가 고른 옷을 보고 상황에 어울리는 다른 옷을 추천할 때 어떻게 말했어요?

액세서리를 추천하는 이유를 말할 때 어떻게 말했어요?

2 상황에 어울리는 다른 옷을 추천할 때와 액세서리를 추천하는 이유를 말할 때 어떻게 말하는지 알아보세요.

(1) 상황에 어울리는 다른 옷을 추천할 때 어떻게 표현할까요?

상황에 어울리는 다른 옷 추천하기

A 내일 친구 결혼식에 갈 때 이 까만색 정장을 입으려고 하는데 어때요?

B
- 결혼식에는 그거보다 이 하늘색 원피스가 낫지 않을까요?
- 결혼식이니까 그거 말고 이 하늘색 원피스를 입는 게 어때요?
- 그거보다 이 하늘색 원피스가 결혼식에 더 잘 어울릴 것 같아요.

(2) 액세서리를 추천하는 이유를 말할 때 어떻게 표현할까요?

액세서리 추천하는 이유 말하기

A 여기에 어떤 액세서리를 하면 좋을까요?

B
- 원피스가 좀 단순해서요. 벨트하고 팔찌를 하면 더 예뻐 보이지 않을까요?
- 원피스가 좀 단순하니까요. 여기에 벨트를 하고 팔찌를 차면 더 예쁠 것 같아요.
- 원피스가 좀 단순하잖아요. 그러니까 벨트를 하고 팔찌를 차면 더 예뻐 보일 것 같아요.

+ 더 알아보기

N 말고

'말고'는 명사와 함께 쓰여 앞의 대상을 제외하거나 부정함을 나타낸다.

예) 엄마, 거기 말고 다른 데 가요.
그 버스에는 저 말고 세 명이 더 있었어요.
이번 주는 시험 기간이니까 이번 주 말고 다음 주에 만나자.

3 다음 대화를 들은 후 읽어 보세요. 그리고 대화 내용과 순서를 알아보세요.

24

상황에 어울리는 다른 옷 추천하기

안나 엘렌 씨, 내일 친구 결혼식에 갈 때 이 까만색 정장을 입으려고 하는데 어때요?

엘렌 결혼식에는 밝은색 옷을 입고 가는 게 좋을 것 같은데요. 그거보다 이 하늘색 원피스가 결혼식에 잘 어울릴 것 같아요.

다른 옷을 추천하는 이유 말하기

안나 하늘색 원피스요?

엘렌 네. 색도 예쁘고 디자인도 훨씬 세련돼 보여요.

액세서리 추천하는 이유 말하기

안나 그래요? 그럼 하늘색 원피스를 입고 가는 게 좋겠네요. 그런데 여기에 어떤 액세서리를 하면 좋을까요?

엘렌 원피스가 좀 단순하잖아요. 그러니까 포인트로 이 벨트를 하고 팔찌도 차면 더 예뻐 보일 것 같아요.

옷을 입어 볼 것에 대해 말하기

안나 제가 그렇게 한번 입어 볼게요. 잠깐만 여기서 기다려 주세요.

엘렌 네. 입고 와 보세요.

4 다음 대화 상황과 역할을 읽고 **2**와 **3**에서 배운 것을 활용해 사람 1, 사람 2가 되어 역할극을 해 보세요.

사람 1

친구들과 송년 파티에 하얀색 옷을 입기로 해서 그날 입고 갈 옷을 고르고 있어요. 사람 2에게 자신이 고른 옷이 어떤지 물어보세요. 사람 2가 추천한 옷을 입기로 하고 그 옷에 어울리는 액세서리도 물어보세요.

사람 1이 고른 옷을 보고 송년 파티에 어울리는 다른 옷을 추천하고 그 이유를 말하세요. 그리고 사람 1이 송년 파티에 입고 갈 옷에 어울리는 액세서리와 그 액세서리를 추천하는 이유도 말하세요.

사람 2

5 친구와 같이 만든 역할극을 발표해 보세요.

읽고 쓰기

1 다음은 유미의 외모를 자세하게 설명한 글이에요. 글을 읽기 전에 다음에 해당하는 표현을 생각해 자유롭게 써 보세요.

외모				
	얼굴	얼굴이 동그래요.	______	______
	머리 모양	단발머리예요.	______	______
	액세서리	머리핀을 꽂아요.	______	______

내 동생, 유미

나에게는 여동생이 두 명 있는데 유미는 내 둘째 동생이다. 유미는 나와 다섯 살 차이가 나서 올해 고등학교 2학년이 되었다. 유미는 키가 크고 조금 마른 편이다. 얼굴이 동그랗고 눈이 큰데 눈웃음이 예쁘기 때문에 웃을 때 특히 사랑스럽다. 머리는 어깨 정도까지 오는 단발머리인데 보통 머리를 풀고 다닐 때보다 묶고 다닐 때가 많다. 앞머리가 있어서 공부할 때는 앞머리가 내려오지 않게 머리핀을 꽂는데 유미의 이마가 예뻐서 그 모습이 더 귀여워 보인다. (Ⓐ)

유미는 학교에 갈 때 교복을 입지만 평소에는 청바지와 티셔츠 같은 활동하기 편한 옷을 입는다. 어두운색보다 밝은색이 잘 어울려서 밝은색 옷을 자주 입는 편이다. (Ⓑ) 그래서 나도 쇼핑할 때 노란색으로 된 옷이나 모자 등을 보면 유미 생각이 많이 난다. 유미는 반지를 끼거나 팔찌를 차는 것도 좋아해서 대학생인 나보다도 액세서리에 관심이 많다. (Ⓒ) 어느새 고등학생이 돼서 이제는 키도 나와 비슷해졌지만 유미는 항상 내 마음속에 귀엽고 소중한 막내 동생이다.

2 위의 글을 읽으세요. 읽은 내용 중에서 나온 외모에 대한 표현을 **1**에 추가해 써 보세요.

3 다음 물음에 답해 보세요.

(1) 유미의 외모로 알맞은 것을 골라 보세요.

①

②

③

(2) 유미의 옷차림에 대해 알맞은 것을 골라 보세요.

① 학교에 갈 때 청바지에 티셔츠를 입고 간다.
② 어두운색을 싫어해서 밝은색 옷을 즐겨 입는다.
③ 반지나 팔찌 같은 액세서리 하는 것을 좋아한다.

(3) 다음 문장이 들어갈 곳으로 알맞은 것을 골라 보세요.

특히 노란색을 좋아해서 옷장에는 노란색 옷이 많다.

① Ⓐ ② Ⓑ ③ Ⓒ

(4) 유미가 언제 더 귀여워 보여요? 써 보세요.

______

4 반 친구 중에서 한 명을 골라 외모를 묘사하는 글을 쓰려고 해요.

(1) 여러분의 생각을 써 보세요.

누구를 소개하고 싶습니까?	
키, 얼굴, 머리 모양은 어떻습니까?	
주로 어떤 옷을 입고 어떤 액세서리를 합니까?	

(2) (1)을 바탕으로 인물의 외모를 묘사하는 글을 써 보세요.

+ 더 알아보기

A-다, V-는다/ㄴ다

'-(ㄴ/는)다'는 형용사, 동사, '이다'와 함께 쓰여 사실이나 행위를 서술하면서 문장을 끝맺을 때 사용된다. 글을 쓸 때 사용된다.

예) 한국의 가을 하늘은 높고 파랗다.
내년에 한국 대학교에 입학한다.
그 사람은 프랑스에서 배우였다.

어휘와 표현 확인

의미를 아는 어휘나 표현에 √표 해 보세요.

1 성격이 꼼꼼한 편이에요?

- □ 게으르다
- □ 느긋하다
- □ 성실하다
- □ 꼼꼼하다
- □ 까다롭다
- □ 긍정적이다
- □ 내성적이다
- □ 사교적이다
- □ 친하다
- □ 부지런하다
- □ 움직이다
- □ 귀찮다
- □ 쪽
- □ 여유
- □ 인터뷰
- □ 실제
- □ 익숙하다
- □ 새롭다
- □ 신곡
- □ 내용
- □ 복사하다

2 사람마다 성격이 다르잖아요

- □ 독서
- □ 추위를 타다
- □ 햇빛이 강하다
- □ 빈자리
- □ (김밥이) 상하다
- □ 습하다
- □ 환자
- □ 돌아다니다
- □ 맞추다
- □ 늦잠
- □ 즉흥적이다
- □ 자유롭다
- □ 계획적이다
- □ 이성적이다
- □ 감정적이다
- □ 판단
- □ 방식
- □ 차이
- □ 틀리다
- □ 그때그때
- □ 상황
- □ 행동하다
- □ 변화
- □ 적응하다
- □ 따르다
- □ 인간관계
- □ 미루다
- □ 취소되다

3 키가 커 보이고 싶어요

- □ 반지를 끼다
- □ 벨트를 하다
- □ 목도리를 두르다
- □ 팔찌를 차다
- □ 넥타이를 매다
- □ 머리핀을 꽂다
- □ 반팔
- □ 스타일
- □ 굉장히
- □ 하늘색
- □ 세련되다
- □ 포인트
- □ 단발머리
- □ 눈웃음이 예쁘다
- □ 머리를 풀다
- □ 머리를 묶다
- □ 앞머리
- □ 이마
- □ 평소
- □ 어두운색
- □ 어느새

3 단원 여가 활동

소단원 1

- 여가 활동의 장점에 대한 어휘와 표현 익히기
- V-고 나다
  V-(으)니까
- 여가 활동의 장점에 대한 대화 듣기

소단원 2

- V-(으)려면
- 여가 활동에 필요한 물건에 대한 대화 듣고 쓰기
- 새로 시작한 여가 활동에 대해 읽고 말하기

소단원 3

- 동호회 활동에 대한 어휘와 표현 익히기
- A/V-았/었으면 좋겠다
- 친구에게 맞는 여가 활동 추천하기
- 동호회 광고의 글 읽고 쓰기

A

B

C

다음 대화를 듣고 A, B, C 중에서 알맞은 사진을 찾아 써 보세요.

1. (　　　　　)
2. (　　　　　)
3. (　　　　　)

25

1 땀을 흘리고 나면 스트레스가 풀려요

어휘와 표현 1

1 **다음은 여가 활동의 장점에 대한 표현이에요. 듣고 따라 해 보세요. 그리고 의미를 알아보세요.** 26

(1)

캠핑하면 **기분 전환이 돼요.**

(2)

요리하는 것에 **자신감이 생겼어요.**

(3)

바닷가가 깨끗해져서 **보람을 느껴요.**

(4)

여행하면 **스트레스를 해소할** 수 있어요.

(5)

조용한 음악을 들으면 **마음이 안정돼요.**

(6)

체력을 기르기 위해 매일 조깅하고 있어요.

2 **다음 대화를 듣고 1의 표현을 사용해 문장을 완성해 보세요.** 27

(1) 진영은 조용한 음악을 들으면 ______________________.

(2) 루이즈는 상을 받고 춤을 추는 것에 더 ______________________.

(3) 조슈아는 학생들에게 영어를 가르치는 것에 ______________________.

(4) 다샤는 마라톤 코스를 끝까지 달리기 위해 ______________________ 있어요.

(5) 위칭은 ______________________ 수 있어서 노래 부르는 것을 좋아해요.

3 **1의 표현을 사용해 친구와 이야기해 보세요.**

(1) 여러분은 시간이 있을 때 보통 무엇을 해요? 왜 그 활동을 해요?

(2) 기회가 되면 해 보고 싶은 여가 활동은 뭐예요? 왜 그 활동이 하고 싶어요?

문법 1

1 다음을 읽어 보세요. 행동의 순서를 나타내는 표현을 찾아 모두 밑줄을 그어 보세요. 그리고 그림에 맞는 표현도 찾아보세요.

저는 요즘 학원에 가서 피아노를 배워요. 학원에 가면 연습실에서 선생님이 오늘 배울 곡과 치는 방법을 가르쳐 주세요. 선생님이 연습실을 나간 후에 제가 세 번 정도 혼자 연습하고 나면 선생님이 다시 오세요. 선생님이 제 연주를 듣고 나서 틀린 곳을 다시 알려 주세요.

2 어떤 행동을 끝내고 다음 행동을 하거나 어떤 다른 상황이 이루어질 때 어떻게 말해요? 다음 대화를 듣고 따라 해 보세요. 28

A 위칭 씨, 어제 수업이 끝나고 뭐 했어요?

B 친구들과 점심을 먹고 나서 카페에 갔어요. 쇼타 씨는 어제 뭐 했어요?

A 저는 좀 피곤해서 집에 갔어요. 집에서 낮잠을 자고 나서 숙제했어요.

V-고 나다

'-고 나다'는 동사와 함께 쓰여 앞의 행동을 끝내고 뒤의 행동을 하거나 어떤 다른 상황이 이루어짐을 나타낸다. 주로 '-고 나서', '-고 나면' 등과 같은 형태로 사용된다.

예) 인터넷에서 자료를 찾고 나서 보고서를 쓸 거예요.
어제 청소를 끝내고 나서 밀린 빨래도 했어요.
쇼타가 화를 낸 이유를 듣고 나면 쇼타를 이해할 수 있게 될 거예요.

3

내일 무엇을 할 거예요? 학생 A와 B가 되어 '-고 나다'를 사용해 말해 보세요. 그리고 친구의 대답을 듣고 순서대로 번호를 써 보세요.

학생 A

학생 B p.153 >

다샤

(1) 공원, 산책하다

↓

(2) 도서관, 책을 읽다

↓

(3) 식당, 밥을 먹다

↓

(4) 백화점, 쇼핑하다

마테오

□

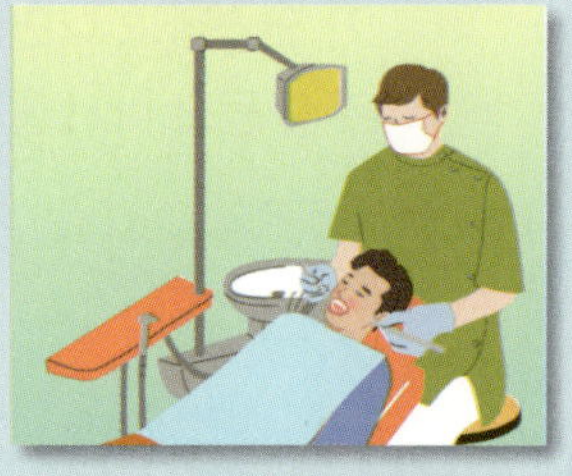

□

□

□

A 마테오 씨, 저는 내일 공원에 갈 거예요. 공원에서 산책하고 나서 도서관에서 책을 읽을 거예요.

B 그래요? 그럼 그다음에 뭐 할 거예요?

4

다음을 보고 '-고 나다'를 사용해 서로 묻고 답해 보세요. 그리고 새 대화도 만들어 보세요.

한국 문화를 더 알고 싶은데 어떻게 하면 될까요?

이 책을 읽고 나면 한국 문화를 더 잘 알게 될 거예요.

(1) 한국 문화를 더 알고 싶은데 어떻게 하면 될까요?

(2) 머리가 많이 아픈데 어떻게 하면 좋을까요?

(3) 등산해서 피곤한데 어떻게 하면 피곤이 풀릴까요?

(4) 기분이 안 좋은데 어떻게 하면 기분이 좋아질까요?

(5)

(6)

문법 2

1 아이가 자는 걸 어떻게 알았어요? 다음 대화를 듣고 알맞은 것을 골라 보세요. 29

(1)

(2)

2 앞의 행동을 경험한 후 어떤 사실을 새롭게 알게 될 때 어떻게 말해요? 다음 대화를 듣고 따라 해 보세요. 30

A 안나 씨, 방금 전에 입은 원피스가 잘 어울렸는데 왜 안 샀어요?
B 막상 옷을 입으니까 길이도 짧고 소매도 불편했어요.

A 올리버 씨, 어제 많이 기다렸는데 모임에 왜 안 왔어요?
B 미안해요. 회의가 끝나니까 밤 8시였어요. 그래서 모임에 못 갔어요.

V-으니까/니까

'-(으)니까'는 동사와 함께 쓰여 앞의 행동을 경험한 후 뒤의 사실을 새롭게 알게 되었음을 나타낸다.

예) 막상 그 소설책을 읽으니까 내용이 많이 어렵지 않았어요.
텔레비전을 켜니까 좋아하는 드라마를 하고 있었어요.
가방을 열어 보니까 가방 안에 휴대 전화와 지갑이 없었어요.

3 다음 질문에 알맞은 답은 뭐예요? '-(으)니까'를 사용해 말해 보세요.

(1) 위칭 씨, 오늘 언제 일어났어요?

(2) 쇼타 씨, 약속 장소에 몇 시에 도착했어요?

(3) 엘렌 씨, 이 한국 노래를 들었죠? 어땠어요?

(4) 마테오 씨, 어제 자료를 다 찾았어요? 몇 시까지 찾았어요?

(5) 루이즈 씨, 선물 받은 상자를 열었어요? 그 안에 뭐가 있었어요?

(6) 조슈아 씨, 떡볶이를 혼자 만들어 봤어요? 혼자 만드는 게 어땠어요?

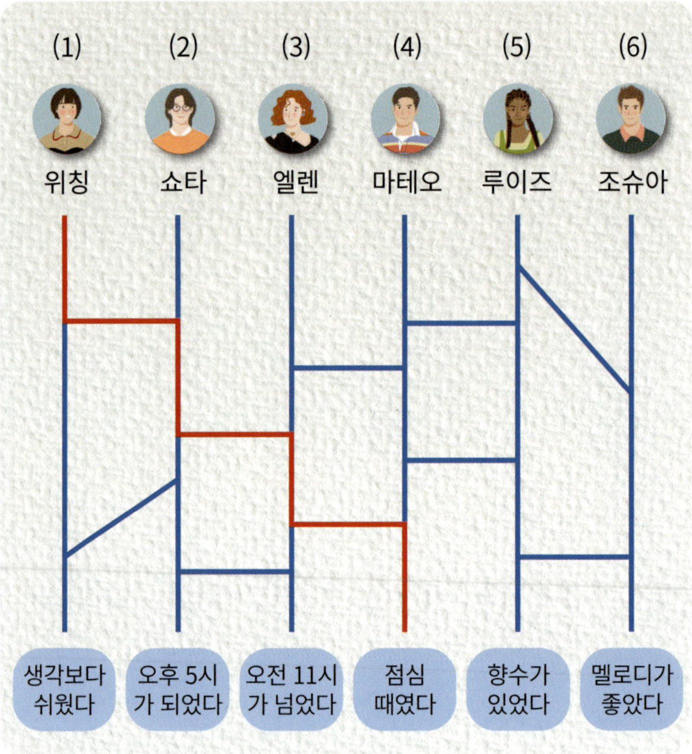

A 위칭 씨, 오늘 언제 일어났어요?
B 오늘 일어나니까 점심 때였어요.

4 다음을 보고 '-(으)니까'를 사용해 서로 묻고 답해 보세요. 그리고 새 대화도 만들어 보세요.

닭갈비를 먹어 봤어요? 어땠어요?

닭갈비를 먹어 보니까 생각보다 맵지 않았어요.

	시도	새로 알게 된 사실
(1)	닭갈비를 먹다	생각보다 맵지 않았다
(2)	진학 설명회에 가다	다양한 정보를 들을 수 있어서 좋았다
(3)	청계천 주변을 걷다	
(4)	한국에서 기차를 타다	
(5)		
(6)		

듣기

1 다음은 사람들이 하는 여가 활동이에요. 여러분은 이 여가 활동을 해 본 적이 있어요? 이 여가 활동에는 어떤 장점이 있어요?

2 다음은 진차오와 다샤의 대화예요. 잘 듣고 물음에 답해 보세요. 31

(1) 대화하기 전 상황으로 알맞은 것을 골라 보세요.

① 조깅을 할 때 어려운 점
② 조깅을 시작하게 된 계기
③ 조깅에 필요한 물건을 싸게 사는 방법

(2) 다샤에 대한 내용으로 맞지 않는 것을 골라 보세요.

① 주말에 시간이 있으면 조깅을 해요.
② 조깅을 하고 나서 몸이 건강해졌어요.
③ 조깅을 한 후에 자세가 좋아졌어요.

(3) 진차오에 대해 들은 내용으로 알맞은 것을 골라 보세요.

① 최근에 시간 여유가 있어서 영상을 찍고 있어요.
② 인터넷에서 일상생활을 찍는 사람이 별로 없었어요.
③ 요즘 자신의 유학 생활 모습을 촬영하기 시작했어요.

3 요즘 사람들이 많이 하는 여가 활동은 뭐예요? 그 여가 활동을 하면 어떤 장점이 있어요? 친구와 이야기해 보세요.

2 자전거를 타려면 헬멧이 필요해요

문법 3

1 다음 대화를 듣고 질문에 알맞은 답을 골라 보세요. 32

(1) 왜 자기 기타가 있어야 돼요?

① 기타를 잘 배우기 위해서요.
② 연주회 준비를 하기 위해서요.

(2) 왜 병원에 왔어요?

① 예약하고 싶어서요.
② 진찰을 받고 싶어서요.

2 어떤 행동을 할 의도나 의향이 있는 경우를 가정할 때 어떻게 말해요? 다음 대화를 듣고 따라 해 보세요. 33

A 이 모자를 선물하려고 하는데요. 혹시 친구가 마음에 안 들어 하면 교환할 수 있어요?
B 그럼요. 그런데 교환하시려면 일주일 안에 오셔야 돼요.

A 학생증을 만들려면 뭐가 필요해요?
B 신청서와 사진을 가져오시면 학생증을 발급해 드립니다.

V-으려면/려면

'-(으)려면'은 동사와 함께 쓰여 어떤 행동을 할 의도나 의향이 있는 경우를 가정할 때 사용된다.

예) 학교에서 잃어버린 물건을 찾으려면 학생 서비스 센터로 가면 돼요.
싸고 예쁜 옷을 사려면 동대문 시장에 한번 가 보세요.
감기가 빨리 나으려면 약을 먹고 푹 쉬는 게 좋아요.

3 다음 상황에 알맞은 사진은 무엇이에요? '-(으)려면'을 사용해 말해 보세요.

(1) 등산화를 싸게 사고 싶다

(2) 돈을 모으려고 하다

(3) 장학금을 받고 싶다

(4) 증명사진을 찍으려고 하다

(5) 명동까지 빨리 가려고 하다

(6) 불고기를 맛있게 만드는 방법을 알고 싶다

A 등산화를 싸게 사고 싶은데 어떻게 하면 좋을까요?

B 등산화를 싸게 사려면 등산 용품 할인점에 가세요.

4 다음을 보고 '-(으)려면'을 사용해 서로 묻고 답해 보세요. 그리고 새 대화도 만들어 보세요.

수업에 늦지 않으려면 어떻게 해야 돼요?

수업에 늦지 않으려면 집에서 일찍 출발해야 돼요.

	원하는 일	조언
(1)	수업에 늦지 않다	집에서 일찍 출발하다
(2)	기숙사에 들어가다	인터넷에서 빨리 신청하다
(3)		병원에 가서 예방 주사를 맞다
(4)		언어 교환 프로그램에 가입하다
(5)		
(6)		

듣고 쓰기

1 다음을 보고 엘렌과 조슈아가 무엇에 대해 이야기하고 있는지 말해 보세요.

2 다음은 여가 활동에 필요한 물건에 대한 대화예요. 잘 듣고 물음에 답해 보세요. 34

(1) 대화를 잘 들으세요. 들은 내용 중 중요한 것을 메모해 보세요.

(2) 다시 대화를 듣고 물음에 답해 보세요.

1) 두 사람은 이번 주 토요일에 뭐 할 거예요?

2) 다음 중 대화 내용으로 알맞은 것을 골라 보세요.

①

②

③

3) 헬멧과 장갑은 어떻게 하면 돼요?

____

(3) 한 번 더 들으세요. 들으면서 잘못 들었거나 새롭게 들은 내용을 (1)에 추가해 써 보세요.

3 3~4명씩 모여서 **2**의 내용을 바탕으로 글을 써 보세요.

(1) **2**의 (1)을 서로 비교하면서 같은 것과 다른 것이 무엇인지 확인해 보세요.

(2) **2**의 내용을 '-(으)려면'과 '-고 나다'를 사용해 6~7문장의 글로 완성해 보세요.

엘렌과 조슈아는 이번 주 토요일에 만날 거예요. ______________________________

____

____

____

____

____

____

(3) (2)의 내용과 표현이 맞는지 165쪽의 듣기 지문과 비교해 보세요.

읽고 말하기

1 다음은 올리버의 블로그에 올라온 사진이에요. 무엇을 하고 있는지 다음을 보고 말해 보세요.

2 다음은 올리버가 캠핑에 대해 블로그에 쓴 글이에요. 글을 읽고 다음에 메모해 보세요.

아침부터 계속 내린 비가 그쳐서 나는 캠핑장에 갔다. 한국에 온 지 얼마 안 됐을 때 동료와 같이 이곳에서 캠핑했는데 그 이후에 혼자 이곳에 가끔 캠핑하러 온다. 나는 10살 때 호주에서 처음 부모님과 캠핑을 했다. 처음 캠핑을 갔을 때 넓은 바다도, 조용한 분위기도 정말 좋았지만 그중에서도 제일 기억에 남는 것은 밤하늘의 별이었다. 밤하늘에 반짝반짝 빛나는 별이 정말 인상적이었다. 지금도 그 별을 잊을 수가 없어서 나는 계속 캠핑을 다닌다.

그런데 캠핑을 가려면 텐트, 요리 도구, 작은 식탁과 의자 등 많은 것을 준비해야 되지만 이 과정도 정말 즐겁다. 그리고 캠핑하면 복잡한 생각을 정리할 수 있어서 마음도 안정된다. 캠핑은 나에게 행복과 편안함을 가져다준다. 그래서 캠핑하는 이 순간이 정말 행복하다.

Q 지금 어떤 여가 활동을 하고 있어요?

A ______________________

Q 그 여가 활동은 언제 처음 했어요?

A ______________________

Q 그 여가 활동을 하면 어떤 점이 좋아요?

A ______________________

3 다음은 친구들이 하고 있는 여가 활동이에요. 다음 중 하나를 골라 메모하면서 이야기를 만들어 보세요.

식물 키우기

안나는 고향에서 정원이 있는 집에 살았다. 학교에 들어가기 전부터 가족과 정원의 꽃과 나무를 가꿨다. 그래서 지금도 식물을 키우고 있다.

만화 보기

조슈아는 고향에서 만화를 즐겨 봤다. 한국어를 배운 후부터 한국어로 된 만화를 보고 있다. 한국 만화를 보는 게 즐겁다.

드럼 치기

다샤는 고등학교 때 음악 동아리 활동을 했는데 그때 드럼을 쳤다. 요즘도 혼자 시간이 있을 때 드럼을 친다.

동영상 만들기

진차오는 3년 전 부모님께 선물 받은 카메라로 사진을 찍기 시작했다. 요즘에는 인터넷 동영상에 관심이 생겨서 동영상을 만들고 있다.

Q 지금 어떤 여가 활동을 하고 있어요?

A ______________________

Q 그 여가 활동은 언제 처음 했어요?

A ______________________

Q 그 여가 활동을 하면 어떤 점이 좋아요?

A ______________________

4 3~4명씩 모이세요. **3**의 메모를 보고 다음과 같이 말해 보세요. 그리고 다른 친구들의 질문에 답해 보세요.

A 저는 10살 때 호주에서 처음 부모님과 캠핑을 했는데 지금도 한국에서 캠핑을 다니고 있어요. 캠핑을 가려면 많은 것을 준비해야 돼요. …… 캠핑을 할 때 정말 행복해요.

B 잘 들었어요. 캠핑을 정말 좋아하는군요. 그런데 호주에서 하는 캠핑과 한국에서 하는 캠핑은 다른 점이 있어요?

5 각 팀에서 제일 흥미 있는 이야기를 골라 발표해 보세요.

어휘와 표현 2

1 다음은 환경 보호 동호회와 그림 동호회에 대한 표현이에요. 소리 내 읽어 보세요. 그리고 의미를 알아보세요.

(1)

캠페인을 해요

(2)

환경을 지켜요

(3)

그림을 감상해요

(4)

물감으로 그려요

(5)

쓰레기를 주워요

(6)

전문가가 지도해요

(7)

빈 병을 재활용해요

(8)

미술 도구를 준비해요

2 1의 표현을 다음에 써 보세요. 그리고 여러분이 알고 있는 다른 표현도 써 보세요.

환경 보호 동호회	그림 동호회
예 캠페인을 해요.	

3 2의 표현을 사용해 친구와 이야기해 보세요.

(1) 여러분은 환경 보호 동호회나 그림 동호회를 한 적이 있어요? 그 동호회에서 어떤 활동을 했어요?

(2) 여러분은 다른 동호회 활동을 한 적이 있어요? 그 동호회에서는 어떤 활동을 주로 해요?

문법 4

1 다음을 읽고 색칠한 부분이 어떤 의미일지 추측해 보세요.

우리 집에는 강아지가 한 마리 있어요. 그런데 요즘 우리 강아지가 계속 아파서 오늘 엄마가 강아지를 데리고 병원에 다녀오셨어요. 강아지가 아프지 않고 빨리 나았으면 좋겠어요. 그래서 전처럼 신나게 노는 모습을 보고 싶어요.

2 이루고 싶은 소원이나 희망을 말할 때 어떻게 말해요? 다음 (1)과 (2)를 보세요. 그리고 대화를 듣고 따라 해 보세요. 35

A 조슈아 씨는 연휴에 뭐 할 거예요?

B 친구랑 부산에 갈 거예요. 그때 날씨가 좋았으면 좋겠어요. 위칭 씨는요?

A 저는 너무 피곤해서 그냥 집에서 푹 쉬었으면 좋겠어요.

A/V-았으면 좋겠다/었으면 좋겠다

'-았/었으면 좋겠다'는 형용사, 동사, '이다'와 함께 쓰여 이루고 싶은 소원이나 희망, 바람을 말할 때 사용된다.

예) 바지가 조금 길어요. 3cm 정도만 짧았으면 좋겠어요.
친구가 바라는 꿈이 꼭 이루어졌으면 좋겠어요.
오늘이 연휴 마지막 날인데요. 내일도 쉬는 날이었으면 좋겠어요.

3 2의 (3)~(6)을 보고 '-았/었으면 좋겠다'를 사용해 말해 보세요.

4 다음을 보고 '-았/었으면 좋겠다'를 사용해 서로 묻고 답해 보세요. 그리고 새 대화도 만들어 보세요.

진영 씨, 앞으로 꼭 해 보고 싶은 일이 있어요?

외국에서 한 달 정도 살았으면 좋겠어요.

(1)

외국에서 한 달 정도 살다

(2)

내 이름으로 된 식당을 열다

(3)

____

(4)

____

(5)

____

(6)

____

말하기

친구에게 여가 활동을 추천받으려고 해요. 먼저 친구가 제안하는 여가 활동을 조심스럽게 거절하고 자신이 원하는 여가 활동을 말하는 역할극을 해 보세요.

1 다음은 역할극의 상황이에요. 다음을 보고 어떤 상황인지 친구와 이야기해 보세요.

위칭은 쇼타에게 요즘 하고 있는 여가 활동에 대해 물어봐요. 쇼타는 위칭에게 여가 활동을 제안하지만 위칭은 쇼타의 추천을 듣고 조심스럽게 자신의 생각을 말해요. 위칭은 보람도 느끼고 사람들도 사귈 수 있는 활동을 하고 싶어요. 쇼타는 위칭의 말을 듣고 이에 맞는 활동을 조언해요.

(1) 여러분은 여가 활동에 대한 친구의 제안을 듣고 완곡하게 거절할 때와 자신의 희망 사항을 말할 때 어떻게 말해요? 이때 사용하는 표현을 써 보세요. 그리고 쇼타와 위칭이 되어 역할극을 해 보세요.

기능	표현
완곡하게 거절하기	
자신의 희망 사항 말하기	

① 위칭에게 여가 활동을 제안하세요.

쇼타

① 쇼타의 제안을 완곡하게 거절하세요.

② 위칭에게 원하는 걸 다시 물어 보세요.

위칭

② 쇼타에게 자신의 희망 사항을 말하세요.

(2) (1)에서 만든 대화에 대해 말해 보세요.

여러분은 친구의 제안을 듣고 완곡하게 거절할 때 어떻게 말했어요?

친구에게 자신의 희망 사항을 말할 때 어떻게 말했어요?

2 친구의 제안을 듣고 완곡하게 거절할 때와 자신의 희망 사항을 말할 때 어떻게 말하는지 알아보세요.

(1) 친구의 제안을 듣고 완곡하게 거절할 때 어떻게 표현할까요?

완곡하게 거절하기

A 위칭 씨, 같이 수영하러 갈래요? 위칭 씨도 운동 좋아하잖아요.

B
- 수영도 좋지만 좀 새로운 걸 해 보고 싶어요.
- 수영요? 글쎄요……. 새로운 걸 해 보고 싶은데요.
- 수영 말고 다른 건 뭐가 없을까요? 제가 새로운 걸 해 보고 싶어서요.

(2) 친구에게 자신의 희망 사항을 말할 때 어떻게 표현할까요?

자신의 희망 사항 말하기

A 위칭 씨는 뭘 하고 싶은데요?

B
- 보람도 느낄 수 있고 사람들도 많이 만날 수 있는 활동을 하고 싶어요.
- 저는 보람도 느끼고 좋은 사람들도 사귈 수 있는 일을 했으면 좋겠어요.
- 그 활동을 했을 때 보람도 있고 새로운 사람들도 만나는 일이면 좋을 것 같아요.

+ 더 알아보기

A-은지/ㄴ지, V-는지

'-(으)ㄴ/는지'는 형용사, 동사, '이다'와 함께 쓰여 확실하지 않은 의문의 내용을 말할 때 사용된다.

예) 이 물건을 사용해도 괜찮은지 위칭에게 물어볼게요.
쇼타가 매운 음식을 좋아하는지 좋아하지 않는지 알아봐 주세요.
혹시 저 사람이 누구인지 알아요?

3 다음 대화를 들은 후 읽어 보세요. 그리고 대화 내용과 순서를 알아보세요. 36

여가 활동을 제안하고 그 제안을 듣고 완곡하게 거절하기

위칭 요즘 좀 심심해요. 쇼타 씨는 그럴 때 뭐 해요?

쇼타 전 운동을 좋아해서 수영하고 있어요. 위칭 씨, 같이 수영하러 갈래요? 위칭 씨도 운동 좋아하잖아요.

위칭 수영 말고 다른 건 뭐가 없을까요? 제가 새로운 걸 해 보고 싶어서요.

희망 사항을 묻고 답하기

쇼타 위칭 씨는 뭘 하고 싶은데요?

위칭 저는 보람도 느끼고 좋은 사람들도 사귈 수 있는 일을 했으면 좋겠어요.

희망 사항에 맞는 활동 추천하고 그 활동에 대해 묻고 답하기

쇼타 그럼 운동도 하고 환경도 지킬 수 있는 쓰레기 줍는 봉사 활동은 어때요?

위칭 좋아요. 그런데 그걸 어떻게 신청하는지, 어디에서 하는지 잘 몰라요.

쇼타 그건 한강 주변에서 쓰레기를 줍는 건데요. 동호회 홈페이지에서 신청하면 돼요.

위칭 그렇군요. 저도 한번 해 보고 싶어요. 알려 줘서 고마워요.

4 다음 대화 상황과 역할을 읽고 **2**와 **3**에서 배운 것을 활용해 사람 1과 사람 2가 되어 역할극을 해 보세요.

사람 1

사람 2에게 여가에 하는 활동을 물으세요. 사람 2가 제안한 여가 활동을 완곡하게 거절하고 어려운 사람들을 돕는 활동을 원함을 말하세요. 그리고 사람 2가 추천한 활동에 대해 자세히 물어보고 감사 인사하세요.

시간이 있을 때 그림을 감상해요. 그림에 관심이 많은 사람 1에게 그림 감상하는 것을 제안하세요. 이것을 완곡하게 거절하는 사람 1에게 원하는 활동을 다시 묻고 다른 활동을 추천하고 설명하세요.

사람 2

5 친구와 같이 만든 역할극을 발표해 보세요.

읽고 쓰기

1 다음은 동호회의 신입 회원 모집을 위해 광고하는 글이에요. 본문에 나오는 질문에 대한 답을 찾으며 글을 읽어 보세요.

동호회

홍보 | 동호회 회원 모집

아름다운 색의 세계로 초대합니다

URL 복사 + 이웃추가

그림을 배우고 싶으신 분은 이곳에서 그림을 그리는 재미를 느껴 보셨으면 좋겠습니다. 우리는 그림을 그리는 것에 관심이 많은 사람들이 모인 동호회입니다.

동호회에서 ① <u>어떤 그림을 배울까요?</u> 주로 수채화를 배웁니다. 그런데 수채화를 잘 그리려면 연필로 그리는 연습부터 해야 합니다. 이렇게 그림의 기초부터 배우고 나면 물감으로 그리는 방법을 배우게 됩니다. 그림이 하나씩 완성되는 모습을 보면 스스로가 정말 만족스러울 겁니다. ② <u>그림을 잘 그리지 못하는데 괜찮을까요?</u> 못 그려도 됩니다. 수업에서 전문가 선생님이 꼼꼼하게 지도해 주시기 때문에 처음 하는 사람도 쉽게 그릴 수 있습니다. ③ <u>언제 모여서 그림을 배울까요?</u> 우리 동호회는 일주일에 한 번, 수요일 오후 6시에 모입니다.

회비는 한 달에 3만 원으로 저렴하게 이용하실 수 있습니다. (Ⓐ) 미술 도구는 빌려드립니다. 관심이 있으면 우리 동호회에 와서 구경해 보세요. 자세한 것은 아래 링크를 눌러서 확인해 보세요.

그림 세상 카페 cafe.ewha.edu/ewhadrawing

2 위의 글을 다시 읽은 후에 질문에 맞는 답을 써 보세요.

질문	본문에 나온 답
① 어떤 그림을 배울까요?	
② 그림을 잘 그리지 못하는데 괜찮을까요?	
③ 언제 모여서 그림을 배울까요?	

3 다음 물음에 답해 보세요.

(1) 이 동호회에는 어떤 사람들이 모였어요? 써 보세요.

(2) 동호회에 대한 내용으로 알맞은 것을 골라 보세요.

① 완성된 그림을 회원들과 같이 감상한다.
② 회비는 한 달마다 내고 저렴한 편이다.
③ 모든 미술 도구는 각자 준비해야 한다.

(3) Ⓐ에 들어갈 말로 알맞은 것을 골라 보세요.

① 그래서　　② 그리고　　③ 그러므로

(4) 이 글을 읽고 알 수 없는 것을 골라 보세요.

① 회비　　② 수업 내용　　③ 모임 장소

4 동호회에서 신입 회원을 모집하는 광고의 글을 쓰려고 해요.

(1) 여러분의 생각을 써 보세요.

어떤 동호회입니까?	
동호회에서 무엇을 합니까?	
동호회의 특징은 무엇입니까?	
회비와 연락처는 어떻게 됩니까?	

(2) (1)을 바탕으로 동호회의 신입 회원을 모집하는 광고의 글을 써 보세요.

어휘와 표현 확인

의미를 아는 어휘나 표현에 √표 해 보세요.

1 땀을 흘리고 나면 스트레스가 풀려요

- □ 기분 전환이 되다
- □ 자신감이 생기다
- □ 보람을 느끼다
- □ 스트레스를 해소하다
- □ 마음이 안정되다
- □ 체력을 기르다
- □ 만족하다
- □ 마라톤 코스
- □ 달리다
- □ 쌓이다
- □ 곡
- □ 치과
- □ 치료를 받다
- □ 막상
- □ 소매
- □ 상자
- □ 진학 설명회
- □ 청계천
- □ 계기
- □ 자세
- □ 일상생활
- □ 대단하다
- □ 땀을 흘리다
- □ 남기다

2 자전거를 타려면 헬멧이 필요해요

- □ 자기
- □ 연주회
- □ 제대로
- □ 진찰을 받다
- □ 발급하다
- □ 할인점
- □ 헬멧
- □ 캠핑장
- □ 분위기
- □ 밤하늘
- □ 별
- □ 빛나다
- □ 과정
- □ 가져다주다
- □ 순간
- □ 식물을 키우다
- □ 가꾸다
- □ 드럼
- □ 동영상

3 그림을 배웠으면 좋겠어요

- □ 캠페인을 하다
- □ 환경을 지키다
- □ 그림을 감상하다
- □ 물감으로 그리다
- □ 쓰레기를 줍다
- □ 전문가가 지도하다
- □ 빈 병을 재활용하다
- □ 미술 도구를 준비하다
- □ 환경 보호
- □ 조심스럽다
- □ 수채화
- □ 기초
- □ 완성되다
- □ 스스로
- □ 만족스럽다
- □ 자세하다
- □ 세상
- □ 각자
- □ 그러므로

4 단원 소식과 정보

소단원 1
- 안부에 대한 어휘와 표현 익히기
- V-(으)면서
  V-는 대신(에)
- 고향에 돌아간 친구에게 안부 묻는 대화 듣기

소단원 2
- A/V-(ㄴ/는)다고 하다
- 유명인의 새 소식에 대한 인터뷰 방송 듣고 쓰기
- 유명인의 새 소식에 대한 신문 기사 읽고 말하기

소단원 3
- 대학 지원에 대한 어휘와 표현 익히기
- V-(으)라고 하다
- 대학 지원에 대한 정보 전달하기
- 정보를 부탁하는 편지글 읽고 쓰기

A

B

C

다음 대화를 듣고 A, B, C 중에서 알맞은 사진을 찾아 써 보세요.

1. (　　　　　)
2. (　　　　　)
3. (　　　　　)

37

1 일하면서 공부도 하고 그럭저럭 잘 지내요

어휘와 표현 1

1 **다음은 안부에 대한 표현이에요. 듣고 따라 해 보세요. 그리고 의미를 알아보세요.** 38

(1)

매일 집에만 있으니까 **심심해요.**

(2)

바쁜 일이 다 끝나서 요즘 **한가해요.**

(3)

한국에 온 지 2주가 돼서 이제 **적응됐어요.**

(4)

이것저것 할 일이 많아서 **정신없이 바빠요.**

(5)

퇴근 후에 친구도 만나고 **그럭저럭 잘 지내요.**

(6)

회사에서 어려운 일을 맡아서 **고생하고 있어요.**

2 **다음 대화를 듣고 1의 표현을 사용해 문장을 완성해 보세요.** 39

(1) 진영은 요즘 방학이라서 ______________________.

(2) 쇼타는 지난주에 심한 감기에 걸려서 ______________________.

(3) 올리버는 아침부터 ______________________ 아직 점심을 못 먹었어요.

(4) 위칭은 특별히 할 일이 없어서 지난 주말에 ______________________.

(5) 루이즈는 이제 한국 생활에 ______________________ 생활이 편해졌어요.

3 **1의 표현을 사용해 친구와 이야기해 보세요.**

(1) 여러분은 요즘 어떻게 지내고 있어요?

(2) 여러분은 한국에 오기 전에 무슨 일을 했어요? 그때는 어떻게 지냈어요?

문법 1

1 다샤는 지난 주말에 무엇을 했어요? 다음 대화를 듣고 알맞은 것을 골라 보세요. 40

(1)

(2)

2 한 사람이 둘 이상의 행동을 동시에 함을 말할 때 어떻게 말해요? 다음 (1)과 (2)를 보세요. 그리고 대화를 듣고 따라 해 보세요. 41

A 올리버는 지금 카페에서 뭐 하고 있어요?

B 올리버는 컴퓨터를 하면서 전화하고 있어요. 마테오는 뭐 하고 있어요?

A 마테오는 케이크를 먹으면서 친구와 이야기하고 있어요.

V-으면서/면서

'-(으)면서'는 동사와 함께 쓰여 한 사람이 둘 이상의 행동을 동시에 함을 나타낸다.

예) 쇼타는 사전에서 모르는 단어를 찾으면서 시험공부를 하고 있어요.
엘렌은 피아노를 치면서 노래를 부를 수 있어요.
유나는 요리 학원에서 케이크를 만들면서 쿠키도 구웠어요.

3 **2**의 (3)~(6)을 보고 '-(으)면서'를 사용해 말해 보세요.

4 다음을 보고 '-(으)면서'를 사용해 서로 묻고 답해 보세요. 그리고 새 대화도 만들어 보세요.

어제 친구를 만나서 뭐 했어요?

공원에서 산책하면서 이야기를 했어요.

(1) 어제 친구를 만나서 뭐 했어요?

(2) 한국에서 뭐 하고 싶어요?

(3) 이번 주말에 뭐 할 거예요?

(4) 지금 선생님은 뭐 하고 계세요?

(5)

(6)

문법 2

1 다음을 읽고 색칠한 부분이 어떤 의미일지 추측해 보세요.

나는 지난 주말에 친구와 영화를 보러 갔다. 그런데 표가 매진돼서 영화를 못 보게 됐다. 그래서 우리는 인터넷을 검색한 뒤에 영화를 **보는 대신에** 근처 미술관에서 하는 전시회를 관람하러 갔다. 영화는 못 봤지만 한국에서 처음 본 미술 전시회가 정말 좋았다.

2 어떤 행동을 하지 않고 다른 행동으로 대체할 때 어떻게 말해요? 다음 대화를 듣고 따라 해 보세요. 42

A 빵이 정말 맛있네요. 마테오 씨가 빵도 직접 만들어요?
B 네. 저는 빵을 사 먹는 대신에 만들어 먹어요.

A 상우 씨, 이번 아버지 생신에 어떤 선물을 드릴 거예요?
B 올해가 60세 생신이라서 선물을 사 드리는 대신에 어머니와 함께 여행을 보내 드리려고요.

V-는 대신(에)

'-는 대신(에)'는 동사와 함께 쓰여 앞의 행동을 하지 않고 다른 행동으로 대체함을 나타낸다. 명사 뒤에는 '대신(에)'를 쓴다.

예) 시간이 없어서 도서관에서 자료를 찾는 대신에 온라인으로 자료를 검색했어요.
건강하게 다이어트를 하려면 식사량을 줄이는 대신 운동을 많이 하는 게 좋아요.
통장을 만들 때 신분증이 필요한데 외국인등록증 대신에 여권을 가져가도 돼요.

3 '-는 대신(에)'를 사용해 친구와 게임을 해 보세요.

게임 방법

1. 두 사람이 가위바위보를 해서 진 사람이 네모 안의 문장을 읽으세요.
2. 이긴 사람은 진 사람의 질문을 듣고 '-는 대신(에)'를 사용해 답하세요.
3. 대답을 잘했으면 다음 칸으로 이동해서 똑같은 방법으로 게임을 하세요. 대답을 못 했으면 역할을 바꿔 질문하고 대답하세요.
4. 먼저 '도착'에 온 사람이 이겨요.

출발 ⇨ (1) 오늘 아침에 밥을 먹었어요? ⇨ (2) 시장에 가서 장을 볼까요? ⇨ (3) 친구를 오늘 만나기로 했어요? ⇨ (4) 이따 저녁에 같이 외식할까요?

⇩

(5) 주말에 같이 놀이공원에 가면 어때요? ⇨ (6) 비가 오는데 오늘도 자전거를 타고 왔어요? ⇨ (7) 이 의자를 안 쓰는데 다른 사람에게 팔까요? ⇨ (8) 정장이 없는데 결혼식에 꼭 정장을 입고 가야 돼요? ⇨ 도착

A 오늘 아침에 밥을 먹었어요?

B 아니요. 시간이 없어서 밥을 먹는 대신에 우유를 한 잔 마셨어요.

4 다음을 보고 '-는 대신(에)'를 사용해 서로 이야기해 보세요. 그리고 새 대화도 만들어 보세요.

졸려서 커피를 마시고 싶어요.

커피를 마시는 대신에 스트레칭을 해 보세요. 커피를 벌써 두 잔이나 마셨으니까요.

	상황	제안	이유
(1)	졸려서 커피를 마시고 싶다	스트레칭을 해 보다	커피를 벌써 두 잔이나 마셨다
(2)	더워서 창문을 열고 싶다	에어컨을 켜다	밖이 시끄럽다
(3)		맵지 않은 걸 먹다	점심에도 매운 걸 먹었다
(4)		집에서 자막이 있는 영상을 보다	한국어 대사 듣기가 어렵다
(5)			
(6)			

듣기

1 다음은 올리버와 1급에서 같이 공부한 제이슨이 요즘 지내는 모습이에요. 두 사람은 요즘 어떻게 지내고 있어요?

2 다음은 올리버와 제이슨의 대화예요. 잘 듣고 물음에 답해 보세요. 43

(1) 들은 내용과 맞지 않는 것을 골라 보세요.

① 요즘 회사에 들어가는 것이 어려워요.
② 올리버와 제이슨은 오랜만에 통화했어요.
③ 리카와 타나펀은 지난 주말에 이사했어요.

(2) 제이슨에 대해 들은 내용으로 알맞은 것을 골라 보세요.

① 대학원에 입학해서 공부하고 있어요.
② 취직한 회사에 적응해서 잘 다니고 있어요.
③ 한국어를 배우면서 일도 하고 있어서 바빠요.

+ 더 알아보기

A-은 대신(에)/ㄴ 대신(에)
V-은 대신(에)/ㄴ 대신(에), -는 대신(에)

'-(으)ㄴ/는 대신(에)'는 형용사, 동사와 함께 쓰여 앞의 행동이나 상태에 알맞은 정도의 다른 것으로 보상함을 나타낸다.

예) 손님, 사과 크기가 작은 대신에 몇 개 더 드릴게요.
늦어서 미안해요. 약속에 늦은 대신에 제가 커피를 살게요.
저는 요즘 아침에 한 시간 일찍 출근하는 대신 한 시간 일찍 퇴근해요.

(3) 올리버가 통화 후에 할 행동으로 알맞은 것을 골라 보세요.

① 

② 

③ 

3 여러분은 안부를 알고 싶은 사람이 있어요? 그 사람은 요즘 어떻게 지내고 있을까요? 친구와 이야기해 보세요.

2 그 작가가 새 소설을 출판한다고 해요

문법 3

1 다음 대화를 듣고 질문에 알맞은 답을 골라 보세요. 44

(1) 유나가 자신의 남자 친구에 대해 무슨 이야기를 했어요?

① 회사에 다녀요.
② 컴퓨터를 공부해요.

(2) 인터넷을 보고 놀이공원에 대해 어떤 소식을 알게 됐어요?

① 입장료를 할인해요.
② 재미있는 놀이기구가 많아요.

2 다른 사람에게서 듣거나 안내문에서 읽은 것을 전달할 때 어떻게 말해요? 다음 대화를 듣고 따라 해 보세요. 45

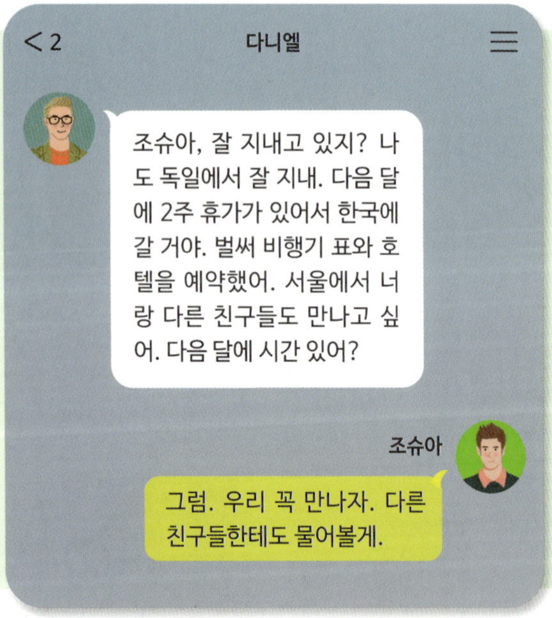

조슈아　안나 씨, 저 오늘 지난 학기에 같이 공부한 다니엘한테서 문자 메시지를 받았어요.
안나　그래요? 다니엘이 뭐라고 했어요?
조슈아　독일에서 잘 지낸다고 했어요. 다음 달에 2주 휴가가 있어서 한국에 올 거라고 했어요. 벌써 비행기 표와 호텔을 예약했다고 했어요. 서울에서 저랑 다른 친구들도 만나고 싶다고 하는데 안나 씨도 시간이 있으면 같이 만날래요?

A-다고 하다
V-는다고 하다/ㄴ다고 하다

'-(ㄴ/는)다고 하다'는 형용사, 동사와 함께 쓰여 다른 사람에게서 듣거나 매체에서 읽거나 들은 것을 전달할 때 사용된다.

예) 뉴스에서 올해 여름도 비가 많이 오고 덥다고 해요.
상우는 소설을 좋아해서 일주일에 두 권씩 소설을 읽는다고 해요.
진차오의 형이 고향에서 식당을 연다고 해요.

3 다음을 보고 '-(ㄴ/는)다고 하다'를 사용해 말해 보세요.

레아와 통화했죠?
레아는 어떻게 지내고 있어요?

지난달에 서울에서
결혼했다고 해요.

레아

(1) 저 지난달에 서울에서 결혼했어요.
(2) 우리 집에 친구들을 초대하고 싶어요.

(3) 요즘 몸이 좀 아파요.
(4) 매일 하는 운동도 그만뒀어요.

브루나

타나펀

(5) 다시 대학교에 지원하려고 해요.
(6) 대학교에 가기 위해 더 열심히 공부할 거예요.

4 다음을 보고 '-(ㄴ/는)다고 하다', '(이)라고 하다'를 사용해 서로 이야기해 보세요. 그리고 새 이야기도 만들어 보세요.

저는 우리 반 위칭에 대해서 소개하겠습니다. 위칭은 태국 방콕에서 왔다고 합니다. 성격은 내성적이라고 합니다. 요즘 해외여행 계획을 세우고 있다고 합니다. 그리고 내년에 대학교에 입학할 거라고 합니다.

	이름	고향	성격	요즘 하는 일	미래 계획
(1)	위칭	태국 방콕	내성적이다	해외여행 계획을 세우고 있다	내년에 대학교에 입학할 것이다
(2)	올리버	호주 멜버른	활발하다	일이 많아서 주말에도 회사에서 일하다	계속 한국에서 살 것이다
(3)	다샤	러시아 모스크바	조금 변덕스럽다		
(4)	마테오	멕시코 멕시코시티	유머 감각이 있다		
(5)					
(6)					

+ 더 알아보기

N이라고 하다/라고 하다

'(이)라고 하다'는 명사와 함께 쓰여 다른 사람에게서 듣거나 매체에서 읽거나 들은 것을 전달할 때 사용된다.

예) 조슈아가 영어 선생님이라고 했어요.
쇼타의 동생이 일본에서 유명한 가수라고 해요.
엘렌의 취미가 요가라고 하는데 저도 요가를 배워 보고 싶어요.

듣고 쓰기

1 다음을 보고 기자와 김영우가 무엇에 대해 이야기하고 있는지 말해 보세요.

2 다음은 교수가 된 김영우와의 인터뷰예요. 잘 듣고 물음에 답해 보세요.

46

(1) 대화를 잘 들으세요. 들은 내용 중 중요한 것을 메모해 보세요.

(2) 다시 대화를 듣고 물음에 답해 보세요.

1) 김영우가 교수가 되기 위해 한 일로 맞지 않는 것을 골라 보세요.

①

②

③

2) 김영우는 학생들을 가르치는 소감을 어떻게 말했어요?

____

3) 학생들은 김영우에 대해 뭐라고 했어요?

____

(3) 한 번 더 들으세요. 들으면서 잘못 들었거나 새롭게 들은 내용을 (1)에 추가해 써 보세요.

3 3~4명씩 모여서 **2**의 내용을 바탕으로 글을 써 보세요.

(1) **2**의 (1)을 서로 비교하면서 같은 것과 다른 것이 무엇인지 확인해 보세요.

(2) **2**의 내용을 '-는 대신(에)', '-(ㄴ/는)다고 하다'를 사용해 6~7문장의 글로 완성해 보세요.

김영우는 수영 선수로 올림픽에서 금메달을 땄는데 지금은 교수가 됐어요. ______________________

(3) (2)의 내용과 표현이 맞는지 168쪽의 듣기 지문과 비교해 보세요.

+ 더 알아보기

A-대요 V-는대요/ㄴ대요 N이래요/래요

'-(ㄴ/는)대요', '(이)래요'는 '-(ㄴ/는)다고 하다', '(이)라고 하다'의 줄임말로 다른 사람에게서 듣거나 매체에서 읽거나 들은 것을 전달할 때 사용된다.

예) 광고에서 봤는데 새 휴대 전화의 카메라 기능이 좋대.
올리버가 시험을 잘 봐서 다음 학기에 장학금을 받는대요.
유나는 지금 대학교 4학년 학생이래요.

읽고 말하기

1 다음은 유명인의 사진이에요. 이 사람들에게는 요즘 어떤 소식이 있는지 말해 보세요.

작가 김영하

배우 안젤리나 졸리

가수 BTS

2 다음은 한 작가의 소식에 대해 쓴 신문기사예요. 글을 읽고 다음에 메모해 보세요.

김영하, 새 소설 『작별인사』 출판

김영하 작가는 한국의 대표 소설가로 그동안 좋은 작품들을 많이 썼고 강의와 방송을 활발하게 하면서 독자들과 만났다. 요즘도 꾸준히 인터넷에 글을 쓰면서 정기적으로 독자들과 책을 읽는 모임을 하고 있다. 그런 김영하 작가가 최근 새로운 소설 『작별인사』를 출판했다. 작가는 출판과 함께 사인회와 강의에서 독자들을 만날 예정이다.

새로 나온 『작별인사』는 미래에 인간이 로봇과 지내면서 새로운 생활에 적응하는 과정을 그린 작품이다. 이 작품은 원래 짧은 소설이었지만 작가가 이야기를 바꿔서 긴 소설로 다시 완성했다. 작가는 특히 언론과의 인터뷰에서 『작별인사』라는 소설의 제목이 마음에 든다고 하면서 작가로서 쓰고 싶은 것을 충분히 썼다고 했다. 이 소설을 읽은 독자들이 어떤 반응을 보일지 궁금하다.

김영하 작가의 새 소식

Q 김영하 작가는 어떤 사람이에요?

A ______________________________

____

Q 김영하 작가에게 어떤 새로운 소식이 있어요?

A ______________________________

____

Q 새 소설 『작별인사』는 어떤 작품이에요?

A ______________________________

____

3 여러분은 유명인의 새로운 소식을 알고 있어요? 유명인의 새 소식에 대해 다음에 메모하면서 이야기를 만들어 보세요.

________________ 의 새 소식

Q ____________ 은/는 어떤 사람/그룹이에요?

A ____

____

Q ____________ 에게 어떤 새로운 소식이 있어요?

A ____

____

Q 그 소식은 구체적으로 어떤 내용이에요?

A ____

____

4 3~4명씩 모이세요. **3**의 메모를 보고 다음과 같이 말해 보세요. 그리고 다른 친구들의 질문에 답해 보세요.

A 김영하는 한국의 대표 소설가로 좋은 작품들을 많이 썼고 강의와 방송을 활발하게 하면서 독자들과 만났어요. 그 작가가 새 소설 『작별인사』를 출판했대요. …… 이 소설에 작가가 쓰고 싶은 것을 충분히 썼대요.

B 잘 들었어요. 한번 읽어 보고 싶네요. 그런데 『작별인사』 말고 김영하 작가의 다른 작품은 또 뭐가 있어요?

5 각 팀에서 제일 흥미 있는 이야기를 골라 발표해 보세요.

3 선배가 진학 정보를 잘 알아보라고 했어요

어휘와 표현 2

1 다음은 대학교 지원을 준비할 때나 대학교에 지원할 때 해야 하는 일에 대한 표현이에요. 소리 내 읽어 보세요. 그리고 의미를 알아보세요.

(1)

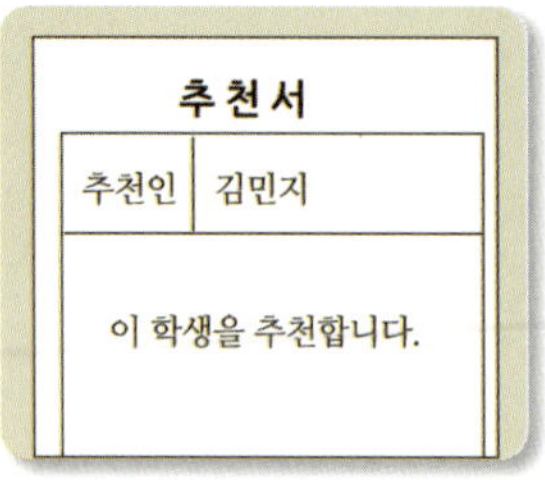

추천서를 받아요

(2)

접수증을 받아요

(3)

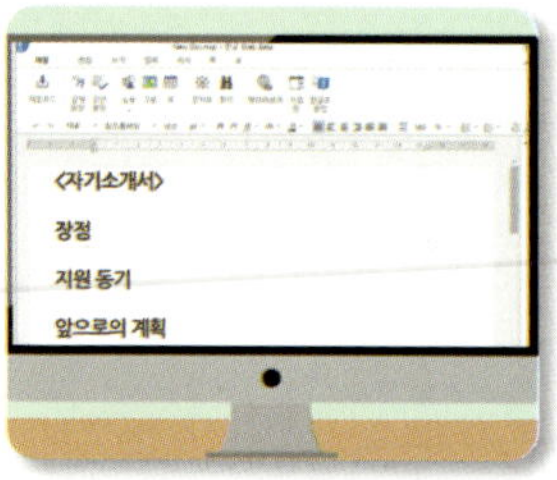

자기소개서를 써요

(4)

지원서를 작성해요

(5)

접수비를 결제해요

(6)

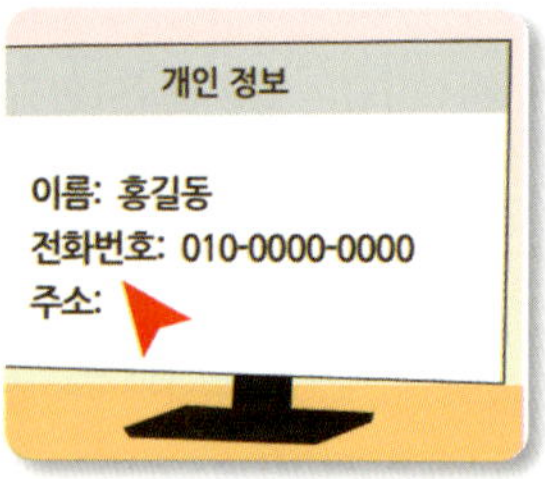

개인 정보를 입력해요

(7)

졸업증명서를 발급받아요

(8)

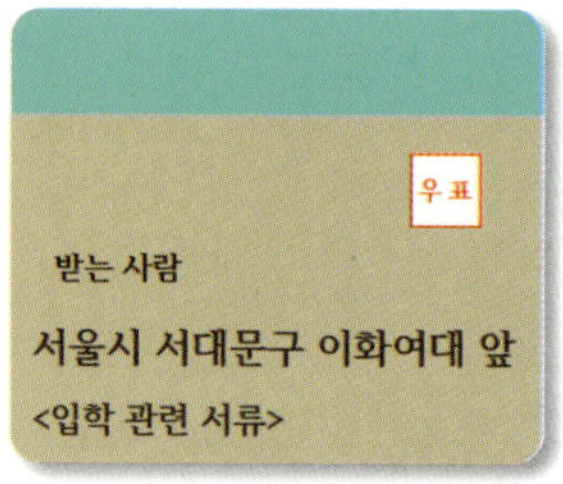

서류를 우편으로 제출해요

2 **1**의 표현을 다음에 써 보세요. 그리고 여러분이 알고 있는 다른 표현도 써 보세요.

대학교 지원 준비	대학교에 지원하는 과정
예 추천서를 받아요.	

3 **2**의 표현을 사용해 친구와 이야기해 보세요.

(1) 여러분은 아르바이트하거나 취업하기 위해 지원할 때 정보를 어디에서 얻어요?

(2) 여러분이 대학교나 대학원에 지원하려면 어떤 것을 준비해야 돼요?

문법 4

1 다음을 읽어 보세요. 다른 사람에게서 들은 명령을 전달하는 표현을 찾아 모두 밑줄을 그어 보세요. 그리고 사진에 맞는 표현도 찾아보세요.

(오늘) 오후 3:45

쇼타 씨, 오늘 왜 학교에 안 왔어요? 내일 문화 수업을 가는 거 알지요? 선생님께서 절대 지각하지 말라고 하셨어요. 혹시 늦으면 선생님께 꼭 연락하라고 하셨어요. 그리고 내일 많이 걸을 것 같으니까 편한 신발을 신고 오세요. 내일 아침에 만나요.

읽음: 오후 4:05

2 다른 사람에게서 듣거나 안내문에서 읽은 명령을 전달할 때 어떻게 말해요? 다음 대화를 듣고 따라해 보세요. 47

A 상우야, 운전면허 시험 잘 보고 와. 준비물은 다 챙겼어?

B 응. 홈페이지를 보니까 지원서랑 신분증, 사진 세 장을 가져오리고 해서 미리 챙겼어.

A 제가 처음으로 콘서트를 보는 거라서 정말 기대가 돼요. 공연을 볼 때 사진을 찍으면 안 되죠?

B 그럼요. 지금 안내 방송에서도 공연 중에 사진을 찍지 말라고 하잖아요.

V-으라고 하다/라고 하다

'-(으)라고 하다'는 동사와 함께 쓰여 다른 사람에게서 듣거나 매체에서 읽은 명령의 내용을 전달할 때 사용된다. 부정형은 '-지 말라고 하다'이다. '-아/어 주다'는 말하는 사람이 요청의 내용을 받을 때 '-아/어 달라고 하다'로, 말하는 사람이 아니라 다른 사람이 요청의 내용을 받을 때 '-아/어 주라고 하다'로 사용된다.

예) 의사가 병이 빨리 나으려면 약을 꼭 챙겨 먹으라고 했어요.
선생님께서 수업 중에는 친구와 떠들지 말라고 하셨어요.
주차 안내 직원이 저한테 여기에 주차하라고 했어요.
진영이 저한테 그 소설책을 빌려 달라고 했어요.

3 다음을 보고 '-(으)라고 하다'를 사용해 말해 보세요.

질문	정보	
(1) 한국 사람처럼 자연스럽게 말하고 싶다	선생님	한국 드라마를 많이 보고 따라 해 보세요.
(2) 요리를 잘하고 싶다	마테오	쉬운 요리부터 하나씩 만드세요.
(3) 자신감을 되찾고 싶다	상담 선생님	자신을 믿고 결과에 대해 미리 부정적으로 생각하지 마세요.
(4) 대학원에 진학하고 싶다	선배	먼저 관심 있는 학교와 전공을 찾고 나서 진학 상담을 받아.
(5) 친구를 많이 사귀고 싶다	안나	동아리에 가입해서 같은 취미를 가진 친구를 사귀세요.
(6) 좋아하는 가수를 직접 보고 싶다	루이즈	가수의 행사 정보를 인터넷에서 자주 확인하세요.

A 한국 사람처럼 자연스럽게 말하고 싶은데 엘렌 씨는 어떻게 하고 있어요?

B 선생님께서 한국 드라마를 많이 보고 따라 해 보라고 하셨어요. 그래서 전 그렇게 하고 있어요.

4 다음을 보고 '-(으)라고 하다'를 사용해 서로 묻고 답해 보세요. 그리고 새 대화도 만들어 보세요.

(1) 진영이 뭐라고 해요?

(2) 이 책은 뭐예요?
상우가 뭐라고 했어요?

(3) 안나가 보낸 메시지야?
안나가 뭐래?

(4) 조금 전에 저 아이가
엄마에게 뭐라고 했어요?

(5)

(6)

말하기

지원 정보에 대해 이야기하려고 해요. 자기소개서에 대해 궁금한 것을 질문하고 정보의 출처와 함께 정보도 전달하는 역할극을 해 보세요.

1 다음은 역할극의 상황입니다. 다음을 보고 어떤 상황인지 친구와 이야기해 보세요.

진차오와 위칭은 대학교 지원을 준비하고 있어요. 진차오는 위칭에게 자기소개서에 대해 묻고 위칭은 알고 있는 것을 대답해요. 그리고 진차오는 위칭에게 입학 지원 정보를 어디에서 들었는지 묻고 위칭은 선배한테서 들은 정보를 말해요.

(1) 여러분은 대학교를 지원할 때 제출해야 하는 자기소개서에 대해 궁금한 점을 물을 때와 정보 출처와 정보를 전달할 때 어떻게 말해요? 이때 사용하는 표현을 써 보세요. 그리고 진차오와 위칭이 되어 역할극을 해 보세요.

기능	표현
자기소개서에 대해 궁금한 점 묻기	
정보 출처와 정보 전달하기	

① 위칭에게 자기소개서에 대해 궁금한 점을 물어보세요.

진차오

① 자기소개서에 대해 알고 있는 정보를 답하세요.

② 위칭이 어디에서 정보를 들었는지 물어보세요.

위칭

② 정보를 어디에서 들었는지 답하고 정보를 전달하세요.

(2) (1)에서 만든 대화에 대해 말해 보세요.

여러분은 자기소개서에 대해 궁금한 점을 물을 때 어떻게 말했어요?

정보의 출처와 정보를 전달할 때 어떻게 말했어요?

2 자기소개서에 대해 궁금한 점을 물을 때와 정보의 출처와 정보를 전달할 때 어떻게 말하는지 알아보세요.

(1) 자기소개서에 대해 궁금한 점을 물을 때 어떻게 표현할까요?

자기소개서에 대해 궁금한 점 묻기

A
- 자기소개서에는 무슨 내용을 써야 돼?
- 자기소개서에 뭘 써야 하는지 알고 있어?
- 자기소개서에 어떤 내용을 쓰면 좋은지 알아?

B 일단 자기소개서에는 성장 과정과 자신의 장점을 써야 된대.

(2) 정보의 출처와 정보를 전달할 때 어떻게 표현할까요?

정보 출처와 정보 전달하기

A 어떻게 그렇게 잘 알아? 어디에서 들었어?

B
- 선배에게 물어봤어. 선배한테 물어보니까 궁금한 것은 학교 입학처에 꼭 문의하래.
- 선배한테서. 선배 말에 의하면 궁금한 게 있으면 학교 입학처에 꼭 문의해야 한대.
- 선배한테서 들었어. 선배가 그러는데 궁금한 게 있으면 학교 입학처에 꼭 문의하래.

+ 더 알아보기

V-으래요/래요

'-(으)래요'는 '-(으)라고 하다'의 줄임말이다. 동사와 함께 쓰여 다른 사람에게서 듣거나 매체에서 읽은 명령, 요청의 내용을 전달할 때 사용된다.

예) 여러 정보를 얻으려면 뉴스를 보고 신문도 읽으래요.
의사가 건강을 지키려면 규칙적으로 식사하래요.
진영이 상우에게 이 책을 좀 주래요.

3 다음 대화를 들은 후 읽어 보세요. 그리고 대화 내용과 순서를 알아보세요. 48

입학 지원 준비 정도에 대해 묻고 답하기	진차오	대학교 지원 준비는 잘되고 있어? 이번 달까지 준비를 끝내야 하는데 해야 할 일이 정말 많네.
	위칭	사실 난 홈페이지에 입학 지원 안내문이 나오기 전부터 준비를 시작해서 서류 준비는 거의 끝냈어.
자기소개서에 대해 궁금한 점 묻고 답하기	진차오	좋겠다. 그런데 자기소개서에 어떤 내용을 쓰면 좋은지 알아?
	위칭	일단 자기소개서에는 성장 과정과 자신의 장점을 써야 된대. 무엇보다 그 학과에 지원하는 동기와 입학 후에 자신이 공부하고 싶은 것에 대해 자세히 쓰는 게 좋대.
정보의 출처를 묻고 출처와 정보 전달하기	진차오	그렇겠네. 그런데 어떻게 그렇게 잘 알아? 어디에서 들었어?
	위칭	작년에 입학한 선배가 있어서 그 선배한테서 들었어. 선배가 그러는데 학교마다 제출 서류가 다르니까 지원 안내를 꼼꼼히 읽고 궁금한 게 있으면 학교 입학처에 꼭 문의하래.
격려하기	진차오	그렇구나. 너는 원래 꼼꼼하니까 문제없을 거야.
	위칭	고마워. 너도 준비 잘해.

4 다음 대화 상황과 역할을 읽고 2와 3에서 배운 것을 활용해 사람 1과 사람 2가 되어 역할극을 해 보세요.

사람 1

사람 2에게 댄스 대회 지원 준비 정도에 대해 물어보세요. 사람 2에게 댄스 대회를 지원할 때 제출해야 하는 지원 영상에 대해서 궁금한 점을 묻고 사람 2가 정보를 어디에서 들었는지도 물어보세요.

댄스 대회 안내문이 나오기 전에 지원 준비를 거의 끝냈어요. 댄스 대회 지원 영상에 대해 물어보는 사람 1에게 자신이 아는 것을 말하세요. 그리고 정보의 출처를 말하고 정보 내용도 전달하세요.

사람 2

5 친구와 같이 만든 역할극을 발표해 보세요.

읽고 쓰기

1 **다음은 고향에 돌아간 다니엘이 루이즈에게 보낸 부탁의 이메일이에요. 글을 읽으면서 내용적으로 같은 단락을 묶고 각 단락의 중심 내용을 생각해 보세요.**

루이즈, 나 다니엘이야.

보낸 사람: 다니엘 <daniel@germail.com>

받는 사람: 루이즈<lulu@ewhaedue.com>

8월 10일 (일) 오전 9:02

루이즈에게

1 안녕? 잘 지내고 있지? 나도 독일에서 잘 지내고 있어. 우리가 마지막으로 연락한 게 벌써 두 달 전이네.

2 사실 내가 좀 부탁할 게 있어서 연락했어. 마야라는 내 고향 친구가 다음 학기부터 우리 학교 언어교육원에서 한국어를 공부하게 됐어. (Ⓐ) 마야가 기숙사에 대해 궁금한 게 많대. 난 기숙사에서 산 적이 없잖아. (Ⓑ) 루이즈, 네가 지금 기숙사에 산다고 하니까 마야가 기숙사에서 살아 본 경험에 대해 직접 듣고 싶다고 너를 좀 소개해 달라고 했어.

3 마야는 기숙사 시설과 규칙에 대해 궁금해하고 있어. 시설은 학교 홈페이지의 일반적인 시설 안내를 보면 대충 알 수 있지만 규칙에 대한 정보가 없어서 규칙에 대해 더 잘 알고 싶대. (Ⓒ) 기숙사에 꼭 가져가야 하는 물건이 있는지, 기숙사 출입은 어떻게 하는지 등이 궁금하대. 마야가 너에게 이메일을 보내면 몇 가지 좀 알려 줄 수 있어? 네가 괜찮다고 하면 이메일 주소를 마야에게 전달할게.

4 오랜만에 연락했는데 부탁을 해서 미안해. 번거로운 일을 부탁한 대신에 내가 다음 달에 한국에 갔을 때 밥 살게. 그럼 연락 기다릴게. 이메일을 보면 연락 줘.

다니엘이

2 **위의 글을 다시 읽고 내용적으로 같은 단락을 묶어 번호를 쓰고 중심 내용도 써 보세요.**

내용상 단락	단락의 중심 내용
예 1	다니엘이 루이즈에게 잘 지내는지 물어봤어요.

3 다음 물음에 답해 보세요.

(1) 다음이 들어갈 곳으로 맞지 않는 것을 골라 보세요.

① Ⓐ 그런데　　② Ⓑ 또는　　③ Ⓒ 예컨대

(2) 다니엘에 대한 설명으로 알맞은 것을 골라 보세요.

① 마야에게 루이즈의 이메일을 알려 줬다.
② 다음에 한국에서 루이즈를 만나려고 한다.
③ 한국에서 유학할 때 기숙사에 산 적이 있다.

(3) 마야에 대한 설명으로 알맞은 것을 골라 보세요.

① 루이즈에게 밥을 사고 싶어 한다.
② 기숙사 홈페이지에서 보고 출입 방법을 알았다.
③ 기숙사 시설에 대해 조금 알지만 규칙을 궁금해한다.

(4) 마야는 왜 루이즈를 소개해 달라고 했어요? 써 보세요.

4 여러분의 고향 친구가 서울에서 한 달 동안 배낭여행을 하려고 해요. 도움이 필요해서 서울에서 배낭여행을 해 본 친구에게 정보를 부탁하는 이메일을 쓰려고 해요.

(1) 여러분의 생각을 써 보세요.

서울에서 배낭여행을 해 본 친구에게 어떤 것을 부탁하려고 합니까?	
여행하려는 고향 친구가 궁금해하는 것은 무엇입니까?	

(2) 위의 메모를 바탕으로 친구에게 정보를 부탁하는 이메일을 써 보세요.

어휘와 표현 확인

의미를 아는 어휘나 표현에 √표 해 보세요.

1 일하면서 공부도 하고 그럭저럭 잘 지내요

- □ 심심하다
- □ 한가하다
- □ 적응되다
- □ 정신없이 바쁘다
- □ 그럭저럭 잘 지내다
- □ 고생하다
- □ 안부
- □ 심하다
- □ 종일
- □ 맡다
- □ 온라인
- □ 이따
- □ 선배
- □ 스트레칭
- □ 자막
- □ 궁금하다
- □ 귀국하다

2 그 작가가 새 소설을 출판한다고 해요

- □ 입장료
- □ 안내문
- □ 전달하다
- □ 벌써
- □ 유머 감각
- □ 소감
- □ 올림픽
- □ 금메달
- □ 강의
- □ 스포츠 과학
- □ 시절
- □ 피하다
- □ 지적
- □ 발전
- □ 작가
- □ 작별
- □ 출판하다
- □ 작품
- □ 방송
- □ 꾸준히
- □ 정기적
- □ 독자
- □ 인간
- □ 로봇
- □ 원래
- □ 완성하다
- □ 언론
- □ 충분히
- □ 반응을 보이다

3 선배가 진학 정보를 잘 알아보라고 했어요

- □ 추천서를 받다
- □ 서류를 우편으로 제출하다
- □ 접수증을 받다
- □ 자기소개서를 쓰다
- □ 지원서를 작성하다
- □ 접수비를 결제하다
- □ 개인 정보를 입력하다
- □ 졸업증명서를 발급받다
- □ 운전면허
- □ 자연스럽다
- □ 되찾다
- □ 장난감
- □ 부정적
- □ 절대
- □ 출처
- □ 일단
- □ 성장
- □ 동기
- □ 자세히
- □ 문의하다
- □ 출입
- □ 번거롭다
- □ 예컨대
- □ 배낭여행

5 단원 건강과 생활 습관

소단원 1
- 증상에 대한 어휘와 표현 익히기
- V-다가
  사동사
- 건강 정보 소개하는 인터넷 방송 듣기

소단원 2
- A/V-도록
- 수의사에게 강아지에 대해 상담하는 대화 듣고 쓰기
- 건강 관리법에 대해 읽고 말하기

소단원 3
- 생활 습관에 대한 어휘와 표현 익히기
- V-게 하다
- 어렸을 때부터 지켜 온 습관에 대해 말하기
- 생활 습관의 원인과 해결 방법에 대한 글 읽고 쓰기

다음 대화를 듣고 A, B, C 중에서 알맞은 사진을 찾아 써 보세요.

1. (   )
2. (   )
3. (   )

49

1 요리를 하다가 손을 다쳤어요

어휘와 표현 1

1 다음은 아플 때의 증상에 대한 표현이에요. 듣고 따라 해 보세요. 그리고 의미를 알아보세요. 50

(1)

과로해서
몸살이 났어요.

(2)

얼굴이 붓고
눈이 빨개졌어요.

(3)

산에서 넘어져서
발목을 삐었어요.

(4)

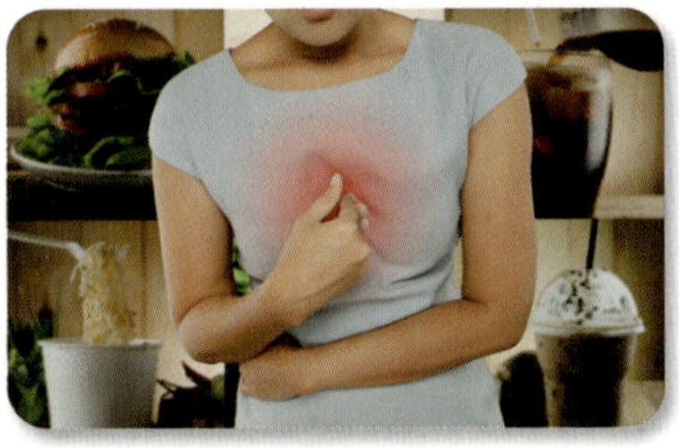

소화가 잘 안 돼서
속이 불편해요.

(5)

알레르기 때문에
눈이 가려워서 비벼요.

(6)

무거운 짐을 든 후로
허리 통증이 심해요.

2 1의 표현을 다음에 써 보세요. 그리고 여러분이 알고 있는 다른 표현도 써 보세요.

내과

안과

정형외과

3 2의 표현을 사용해 친구와 이야기해 보세요.

(1) 최근에 병원에 간 적이 있어요? 어디가 어떻게 아팠어요?

(2) 여러분은 몸이 아플 때 좋아지기 위해 어떻게 했어요?

문법 1

1 진차오는 어제 무엇을 했어요? 다음 대화를 듣고 알맞은 것을 골라 보세요. 51

(1)

(2)

2 어떤 일을 하는 중간에 다른 일을 할 때 어떻게 말해요? 다음 대화를 듣고 따라 해 보세요. 52

A 루이즈 씨, 제가 빌려준 소설은 다 읽었어요?
B 아니요. 너무 어려워서 읽**다가** 포기했어요.

A 엘렌 씨, 어제 영화 잘 봤어요?
B 아니요. 재미없어서 보**다가** 나왔어요.

V-다가

'-다가'는 동사와 함께 쓰여 어떤 일을 하는 도중에 그 일을 그만두거나 다른 일을 할 때 사용된다.

예) 도서관에서 자료를 찾다가 약속 시간이 다 돼서 서둘러 나왔어요.
길이 미끄러워서 조깅을 하다가 넘어졌어요.
고향에 있는 가족이 보고 싶어서 밤에 울다가 잠이 들었어요.

3 다음을 보고 '-다가'를 사용해 말해 보세요.

(1) 낮잠을 자다
(2) 쿠키를 만들다
(3) 옷을 입다

전화를 받다

(4) 음악을 듣다
(5) 일기를 쓰다
(6) 내일 할 일을 생각하다

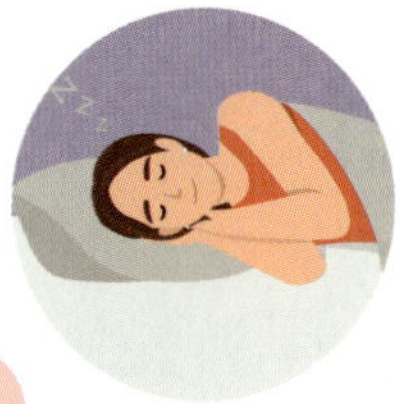

잠이 들다

A 뭐 하다가 전화를 받았어요?
B 낮잠을 자다가 전화를 받았어요.

4 다음을 보고 '-다가'를 사용해 서로 묻고 답해 보세요. 그리고 새로운 대화도 만들어 보세요.

조슈아 씨, 뭐 해요? 청소하고 있어요?

아니요. 청소하다가 사진을 정리하고 있어요.

(1) 청소하고 있어요?

(2) 단어를 외우고 있어요?

(3) 지금도 부모님과 살고 있어요?

(4) 운동하고 있어요?

(5)

(6)

문법 2

1 다음을 읽고 색칠한 부분이 어떤 의미일지 추측해 보세요.

저는 종종 시간이 있을 때 바쁜 언니 대신에 조카를 돌봐요. 제 조카는 아직 아기라서 혼자 밥을 못 먹어요. 그래서 제가 조카에게 밥을 먹여요. 조카가 맛있게 먹으면 저도 기분이 좋아요.

2 다른 사람이나 동물에게 어떤 일을 하게 할 때 어떻게 말해요? 다음 대화를 듣고 따라 해 보세요. 53

A 상우 씨, 제가 뭘 도와드리면 될까요?
B 저는 저녁을 준비할게요. 올리버 씨는 강아지 발을 좀 씻겨 주면 좋겠어요.

A 진영아, 다미를 좀 재워 줄래?
B 응, 언니. 알았어. 내가 재울게.

사동사

'사동사'는 다른 사람, 동물, 사물을 움직이게 하거나 어떤 상태에 이르게 함을 나타낸다.

예) 밖이 추우니까 아이들에게 코트를 좀 입혀 주세요.
제 취미는 사진을 찍어서 블로그에 올리는 거예요.
회의가 있어서 약속을 한 시간 뒤로 늦췄어요.

-이-	끓이다, 녹이다, 먹이다, 보이다, 줄이다 …
-히-	눕히다, 묻히다, 앉히다, 익히다, 입히다, 읽히다, 식히다 …
-리-	날리다, 늘리다, 살리다, 알리다, 얼리다, 올리다, 울리다 …
-기-	감기다, 남기다, 맡기다, 벗기다, 신기다, 씻기다, 웃기다 …
-우-	깨우다, 세우다, 씌우다, 재우다, 태우다 …
-추-	낮추다, 늦추다 …

3 학생 A와 B가 되어 '사동사'를 사용해 말해 보세요. 그리고 빈칸에 써 보세요.

학생 A 대답하세요! (5) (6) (7) (8)

학생 B p.154 >

A 유치원 선생님이 지금 뭐 하고 있어요?

B 물을 끓여요.

4 오늘 저녁에 집에서 파티가 있어서 친구와 파티 준비를 하고 있어요. 다음을 보고 '사동사'를 사용해 서로 묻고 답해 보세요. 그리고 새 대화도 만들어 보세요.

냉동실에 있는 고기는 어떻게 할까요?

고기를 녹여 주세요.

(1) 냉동실에 있는 고기는 어떻게 할까요?

(2) 얼음이 없는데 얼음을 준비해야 할까요?

(3) 여기 있는 감자는 껍질을 어떻게 할까요?

(4) 불고기 만들 때 냉장고에 있는 야채를 다 쓸까요?

(5)

(6)

듣기

1 다음은 토마토와 블루베리로 만든 거예요. 건강에 어떤 효과가 있을까요?

2 다음은 건강 정보를 소개하는 인터넷 방송이에요. 잘 듣고 물음에 답해 보세요. 54

(1) 두 사람이 방송하는 내용으로 가장 알맞은 것을 골라 보세요.

① 

② 

③ 

(2) 토마토에 대한 설명으로 알맞은 것을 골라 보세요.

① 토마토는 속이 불편할 때 먹지 않는 게 좋아요.
② 토마토는 주름에 효과가 있어서 피부가 늙는 걸 막아요.
③ 토마토는 볶지 않고 먹는 게 피부에 더 좋아요.

(3) 들은 내용으로 맞지 않는 것을 골라 보세요.

① 방송은 다시 볼 수 없지만 의견을 남길 수 있어요.
② 방송 진행자는 얼마 전에 토마토를 먹는 방법을 바꿨어요.
③ 지난 방송은 블루베리와 피부 건강에 대한 내용이었어요.

3 여러분은 건강을 지키기 위한 음식을 집에서 쉽게 요리하는 방법을 알고 있어요? 알고 있는 정보는 뭐예요? 친구와 이야기해 보세요.

문법 3

1 다음을 읽어 보세요. 일의 목적을 나타내는 표현을 찾아 모두 밑줄을 그어 보세요. 그리고 그림에 맞는 표현도 찾아보세요.

나는 최근에 몸이 안 좋아서 고생했다. 의사는 나에게 몸이 많이 약해졌으니까 체력이 좋아지도록 운동을 하라고 했다. 다치지 않도록 처음에는 쉬운 운동부터 하라고 조언했다. 그래서 나는 얼마 전부터 건강해지기 위해서 매일 아침 조깅하러 근처 공원에 간다. 건강이 빨리 회복되었으면 좋겠다.

2 뒤에 나오는 일에 대한 목적을 말할 때 어떻게 말해요? 다음 (1)과 (2)를 보세요. 그리고 대화를 듣고 따라 해 보세요. 55

A 선생님, 감기가 낫지 않아요.
B 그렇군요. 그럼 감기가 빨리 낫도록 약을 먹고 푹 쉬세요.

A 선생님, 눈이 너무 건조해요.
B 그렇군요. 그럼 눈이 건조하지 않도록 눈에 안약을 넣으세요.

A/V-도록

'-도록'은 일부 형용사, 동사와 함께 쓰여 뒤에 나오는 일에 대한 목적을 나타낼 때 사용된다.

예) 이번 시험에서 좋은 성적을 받도록 열심히 공부하겠습니다.
구급차 소리가 나서 구급차가 지나갈 수 있도록 길을 비켜 줬어요.
눈이 피곤하지 않도록 휴대 전화를 끄고 쉬세요.

3 **2**의 (3)~(6)을 보고 '-도록'을 사용해 말해 보세요.

4 다음을 보고 '-도록'을 사용해 서로 묻고 답해 보세요. 그리고 새 대화도 만들어 보세요.

한국어 실력이 좋아지지 않아요.
어떻게 하면 좋을까요?

한국어 실력이 좋아지도록 수업 후에
한국어로 더 많이 이야기하세요.

	상황	문제	해결 방법
(1)	상담실에서	한국어 실력이 좋아지지 않는다	수업 후에 한국어로 더 많이 이야기하다
(2)	우체국에서	급한 서류라서 빨리 도착해야 한다	빠른 우편으로 보내다
(3)	식당 앞에서		대기자 명단에 이름을 올리다
(4)	신용카드 회사에서		카드를 정지시키다
(5)			
(6)			

듣고 쓰기

1 다음을 보고 상우와 수의사가 무엇에 대해 이야기하고 있는지 말해 보세요.

2 다음은 동물 병원에서 수의사와 나눈 대화예요. 잘 듣고 물음에 답해 보세요. 56

(1) 대화를 잘 들으세요. 들은 내용 중 중요한 것을 메모해 보세요.

(2) 다시 대화를 듣고 물음에 답해 보세요.

1) 강아지에게 어떤 증상이 있어요?

2) 강아지는 왜 눈이 아파요?

3) 수의사의 처방을 듣고 할 일로 맞지 <u>않는</u> 것을 골라 보세요.

① 

② 

③ 

(3) 한 번 더 들으세요. 들으면서 잘못 들었거나 새롭게 들은 내용을 (1)에 추가해 써 보세요.

3 3~4명씩 모여서 **2**의 내용을 바탕으로 글을 써 보세요.

(1) **2**의 (1)을 서로 비교하면서 같은 것과 다른 것이 무엇인지 확인해 보세요.

(2) **2**의 내용을 '사동사'와 '-도록'을 사용해 6~7문장의 글로 완성해 보세요.

상우는 아침에 강아지가 아파서 강아지를 데리고 병원에 왔어요. ________________

(3) (2)의 내용과 표현이 맞는지 171쪽의 듣기 지문과 비교해 보세요.

+ 더 알아보기

-시키다

'N하다' 동사는 '-시키다'의 형태로 사동의 의미를 나타낸다.

예) 아주머니, 아기를 목욕시킨 후에 옷을 입히고 우유를 먹여 주세요.
오후에 강아지에게 밥을 먹인 후에 산책시켜 주세요.
오늘 저녁에 축구 경기를 보면서 먹으려고 치킨을 배달시켰어요.

읽고 말하기

1 여름철에 날씨가 더울 때 어떻게 해요? 다음을 보고 말해 보세요.

건강한 여름 나기
'무더위 속 건강 챙기기'

2 다음은 여름철 건강 관리법을 소개하는 글이에요. 글을 읽고 다음에 메모해 보세요.

건강한 여름 나기 '무더위 속 건강 챙기기'

여름 한낮에 걷다가 갑자기 어지럽거나 심한 두통을 느껴서 병원을 찾는 사람들이 늘고 있다. 여기에 이런 문제 없이 여름을 지내는 방법이 두 가지 있다. 첫째, 햇볕이 강하니까 가능하면 햇볕을 직접 쐬지 않도록 해야 한다. 외출할 때는 체온이 오르지 않도록 양산이나 모자를 꼭 쓰는 것이 좋다. 특히 기온이 가장 높아지는 오후 두 시에서 다섯 시 사이에는 도시 곳곳에 설치된 그늘막이나 시원한 나무 그늘에서 쉬면서 햇볕 아래에 있는 시간을 줄여야 한다. 둘째, 물을 자주 마셔야 한다. 한 번에 많은 양을 마시는 것보다 자주 여러 번 조금씩 마시는 것이 좋다. 물 대신 가끔 커피나 콜라를 마시는 사람들이 많이 있는데 이것은 갈증을 해소하는 데 도움이 되지 않기 때문에 피해야 한다. 생활 속에서 누구나 쉽게 할 수 있는 이 방법으로 무더위 속 건강을 챙겨 보자.

생길 수 있는 증상

- 갑자기 어지럽다.
-

예방 방법 1

햇볕을 직접 쐬지 않는다.

-
-

예방 방법 2

-
-

3 다음은 여름과 겨울을 안전하게 즐기는 방법을 소개하는 공익 광고 포스터예요. 다음 중 하나를 골라 공익 광고로 전하고 싶은 정보를 메모하면서 이야기를 만들어 보세요.

생길 수 있는 증상
-
-

예방 방법 1
-
-

예방 방법 2
-
-

4 2명씩 모이세요. **3**의 메모를 보고 다음과 같이 말해 보세요. 그리고 다른 친구들의 질문에 답해 보세요.

A 저는 여름에 야외에서 갑자기 어지럽거나 심한 두통을 느낀 적이 있어요. 무더운 여름에 외출할 때는 햇볕을 직접 쐬지 않도록 모자를 꼭 써야 돼요. …… 이렇게 하면 건강하게 여름을 날 수 있어요.

B 잘 들었어요. 이렇게 하면 더운 여름을 안전하게 즐길 수 있겠군요. 선크림을 바르는 것도 도움이 돼요?

5 각 팀에서 제일 흥미 있는 이야기를 골라 발표해 보세요.

3 아이를 일찍 자게 하세요

어휘와 표현 2

1 다음은 생활 습관에 대한 표현이에요. 소리 내 읽어 보세요. 그리고 의미를 알아보세요.

(1)

과식해요

(2)

늦잠을 자요

(3)

돈을 절약해요

(4)

아침을 굶어요

(5)

시간을 아껴 써요

(6)

규칙적인 생활을 해요

(7)

음식을 골고루 먹어요

(8)

물건을 제자리에 놓아요

2 다음 대화를 듣고 **1**의 표현을 사용해 문장을 완성해 보세요. 57

(1) 쇼타는 저녁에 ______________________ 배가 아파요.

(2) 안나는 어제 ______________________ 학교에 못 갔어요.

(3) 엘렌은 건강을 위해서 매일 ______________________.

(4) 조슈아는 작년에 쇼핑으로 돈을 많이 써서 새해에는 ______________________.

(5) 진차오는 ______________________ 배가 너무 고파요.

3 **1**의 표현을 사용해 친구와 이야기해 보세요.

(1) 여러분의 습관 중에서 좋은 습관이라고 생각하는 것은 무엇이에요? 어떻게 그 습관이 생겼어요?

(2) 한국에 와서 바뀐 습관이 있어요? 어떤 습관이 어떻게 바뀌었어요?

문법 4

1 다음 대화를 듣고 질문에 알맞은 답을 골라 보세요. 58

(1) 올리버는 어떻게 단어를 많이 알아요?

① 올리버가 혼자서 외웠어요.
② 선생님이 외우라고 해서 외웠어요.

(2) 안나는 왜 수영 모자를 챙기려고 해요?

① 모자가 없으면 불편해요.
② 모자가 없으면 수영장에 못 들어가요.

2 다른 사람에게 어떤 일을 하도록 할 때 어떻게 말해요? 다음 대화를 듣고 따라 해 보세요. 59

A 부장님, 다음 회의 발표는 어떻게 할까요?
B 올리버 씨에게 발표하게 하세요. 올리버 씨가 발표해 본 경험이 많잖아요.

A 우리 아이가 휴대 전화로 영상을 너무 많이 봐서 걱정이에요.
B 그럼 아이에게 그림을 그리거나 밖에 나가서 놀게 하세요.

V-게 하다

'-게 하다'는 동사와 함께 쓰여 다른 사람에게 어떤 일을 시키거나 하도록 만들 때 사용된다.

예) 우리 부모님은 항상 저에게 집안일을 돕게 하셨어요.
어머니가 피곤하신 것 같으니까 쉬시게 하세요.
여러분, 수업 시간에는 휴대 전화 소리가 나지 않게 해 주세요.

3 올리버가 회사에서 부장님과 회사 업무에 대해 이야기하고 있어요. '-게 하다'를 사용해 말해 보세요.

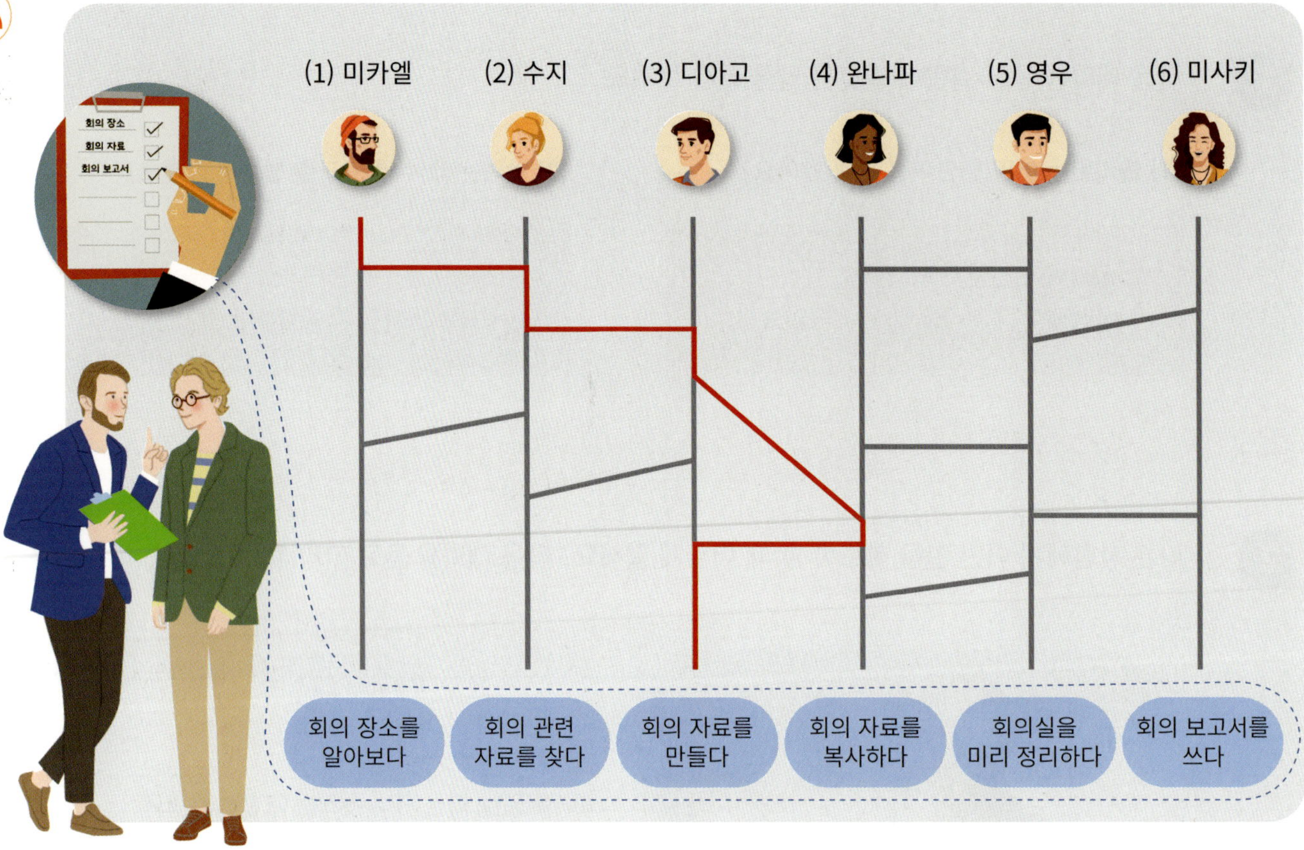

A 부장님, 미카엘에게 무슨 일을 맡길까요?

B 회의 자료를 만들게 하세요.

4 다음을 보고 '-게 하다'를 사용해 서로 묻고 답해 보세요. 그리고 새 대화도 만들어 보세요.

아이가 다른 아이보다 키가 작아서 걱정이에요. 어떻게 하면 좋을까요?

	걱정	조언
(1)	아이가 다른 아이보다 키가 작다	아이가 음식을 골고루 먹다
(2)	아내가 불면증으로 잠을 못 자다	아내가 규칙적인 생활을 하다
(3)	동생이 돈을 너무 많이 쓰다	
(4)	어머니가 많이 아프시다	
(5)		
(6)		

아이가 음식을 골고루 먹게 하세요.

말하기

어렸을 때부터 지켜 온 습관에 대해 이야기하려고 해요. 친구의 습관을 듣고 놀람을 표현하고 친구가 좋은 습관을 갖게 된 계기에 대해 이야기하는 역할극을 해 보세요.

1 다음은 역할극의 상황입니다. 다음을 보고 어떤 상황인지 친구와 이야기해 보세요.

위칭은 요즘 게임을 너무 많이 해서 게임 시간을 줄이고 싶지만 쉽지 않아요. 같은 반 친구 올리버에게 게임하는 시간을 물었는데 생각보다 짧은 것을 듣고 놀라요. 올리버는 게임을 한 시간만 하게 된 계기를 묻는 위칭의 질문에 답해요.

(1) 여러분은 친구의 습관을 듣고 놀랐을 때와 좋은 습관을 갖게 된 계기를 말할 때 어떻게 말해요? 이때 사용하는 표현을 써 보세요. 그리고 올리버와 위칭이 되어 역할극을 해 보세요.

기능	표현
습관을 듣고 놀람 표현하기	
좋은 습관을 갖게 된 계기 말하기	

① 게임 시간을 묻는 위칭에게 요즘 게임하는 시간을 답하세요.

① 올리버의 게임 시간을 듣고 놀람을 표현하세요.

올리버

② 올리버가 좋은 습관을 갖게 된 계기를 물어보세요.

위칭

② 좋은 습관을 갖게 된 계기에 대해 답하세요.

(2) (1)에서 만든 대화에 대해 말해 보세요.

여러분은 친구의 습관을
듣고 놀랐을 때 어떻게 말했어요?

친구에게 좋은 습관을 갖게 된 계기를 자세히
이야기할 때 어떻게 말했어요?

2 **친구의 습관을 듣고 놀람을 표현할 때와 좋은 습관을 갖게 된 계기를 말할 때 어떻게 말하는지 알아보세요.**

(1) 친구의 습관을 듣고 놀람을 표현할 때 어떻게 표현할까요?

습관을 듣고 놀람 표현하기

A 저는 게임을 하루에 한 시간 정도만 해요.

B
- 정말이에요? 너무 짧지 않아요?
- 그거밖에 안 해요? 와, 정말 대단하네요.
- 한 시간요? 전 꿈도 못 꿀 일인데요.

(2) 좋은 습관을 갖게 된 계기를 자세히 말할 때 어떻게 표현할까요?

좋은 습관을 갖게 된 계기 말하기

A 어떻게 해서 게임 시간을 줄였어요?

B
- 어렸을 때 부모님께서 게임을 두 시간만 하고 끄도록 하셨어요.
- 어렸을 때부터 부모님께서 시간을 정해서 게임을 하게 하셨어요.
- 어릴 때부터 부모님이 게임 시간을 정해서 하게 하셔서 게임 시간을 줄이게 됐어요.

3 다음 대화를 들은 후 읽어 보세요. 그리고 대화 내용과 순서를 알아보세요.

60

습관 바꾸는 것의 어려움 이야기하기

올리버 위칭 씨, 왜 이렇게 졸아요? 어제 늦게 잤어요?

위칭 네. 게임 때문에 늦게 잤어요. 게임 시간을 좀 줄이려고 하는데 쉽지 않네요. 올리버 씨는 게임을 얼마나 해요?

친구의 습관 듣고 놀람 표현하기

올리버 하루에 한 시간 정도 해요.

위칭 그거밖에 안 해요? 와, 정말 대단하네요.

좋은 습관을 갖게 된 계기 묻고 답하기

올리버 아니에요. 저도 어렸을 땐 하루 종일 게임만 했어요.

위칭 그래요? 그런데 어떻게 해서 게임 시간을 줄였어요?

올리버 어렸을 때 제가 하루 종일 게임만 하니까 부모님께서 시간을 정해서 게임을 하게 하셨어요. 규칙적인 생활을 하도록 하루에 게임을 두 시간만 하고 그 후에는 무조건 다른 일을 하게 하셨어요.

습관을 바꾼 후 변화 말하기

위칭 정말요? 어렸을 때는 짜증도 났겠어요.

올리버 네. 그때는 그랬는데 이제는 습관이 돼서 한 시간 정도 하면 재미없어서 게임을 끄게 돼요. 위칭 씨도 시간을 정해서 해 보세요.

4 다음 대화 상황과 역할을 읽고 2와 3에서 배운 것을 활용해 사람 1과 사람 2가 되어 역할극을 해 보세요.

사람 1

사람 2에게 고민이 있는지 물어보세요. 그리고 한 달 용돈을 묻는 사람 2에게 답하고 돈을 아껴 쓰게 된 계기를 말하세요. 그리고 습관이 바뀐 후 자신의 변화를 말하고 친구에게 습관을 바꿀 것을 권하세요.

요즘 돈을 너무 많이 써서 고민이에요. 쇼핑을 줄이고 싶지만 사고 싶은 물건이 있으면 자꾸 사게 돼요. 사람 1에게 한 달 용돈을 묻고 놀람을 표현하세요. 그리고 사람 1에게 돈을 아껴 쓰는 습관을 갖게 된 계기를 물으세요.

사람 2

5 친구와 같이 만든 역할극을 발표해 보세요.

읽고 쓰기

1 다음은 좋지 않은 생활 습관의 원인과 해결 방법에 대한 글이에요. 글을 읽으면서 각 단락의 중심 내용을 생각해 보세요.

또 월요일?

[1] 월요병은 병은 아니지만 한 주가 시작되는 월요일마다 피로를 느끼거나 짜증이 나는 증상이다. 일요일에 일에 대한 스트레스로 가슴이 답답하거나 우울해지고 월요일 아침부터 몸에 힘이 없으면 월요병을 의심해야 한다.

[2] 월요병의 원인은 바로 잘못된 주말 습관이다. 주말에 사람들은 평소보다 잠을 더 자면서 부족한 잠을 보충하려고 한다. 보통 잠을 많이 자는 게 쉬는 거라고 생각하지만 그렇지 않다. 특히 일요일에 늦잠을 자는 것은 우리 몸의 리듬을 달라지게 하고 밤에 잠들지 못하게 해서 월요일 아침에 더 큰 피로감을 느끼게 한다.

[3] 월요병으로 고생하지 않으려면 일요일은 규칙적으로 보내고 월요일은 즐겁게 보내야 한다. 먼저 주말에도 평일과 같은 시간에 일어나고 낮잠은 30분 이내로 자야 한다. 주말 내내 자면 두통이 심해지고 건강에도 해롭기 때문에 평일에 잠을 자는 시간을 늘리는 것이 더 좋다. 또한 월요일에는 꼭 아침 식사를 해야 한다. 아침을 굶으면 점심에 과식하게 돼서 오후에 더 졸리고 피곤해지기 때문이다. 그리고 월요일을 기분 좋게 시작할 수 있도록 월요일 오후에 좋아하는 일을 계획하면 한 주의 시작이 즐거워질 것이다.

2 위의 글을 다시 읽으세요. 읽은 후에 각 단락의 중심 내용을 요약해 보세요.

[1]	
[2]	
[3]	

3 다음 물음에 답해 보세요.

(1) 월요병의 원인에 대한 설명으로 알맞은 것을 골라 보세요.

① 월요일에 일이 많기 때문에
② 주말을 우울하게 보냈기 때문에
③ 주말에 신체 리듬이 달라졌기 때문에

(2) 월요병의 증상으로 맞지 않는 것을 골라 보세요.

① 일요일에 가슴이 답답하고 기분이 안 좋다.
② 주말 아침부터 몸이 너무 힘들다.
③ 월요일에 피곤하고 짜증이 난다.

(3) 이 글을 읽은 후 사람들의 반응으로 맞지 않는 것을 골라 보세요.

① 안나: 저는 주말과 평일 모두 같은 시간에 일어날 거예요.
② 상우: 오늘부터 주말 낮잠 시간을 30분 더 늘리려고 해요.
③ 위칭: 친구와 월요일 퇴근 후에 만나서 함께 영화를 보기로 했어요.

(4) 사람들이 월요일 오후에 피로를 더 느끼는 이유는 무엇인지 써 보세요.

4 불면증이나 불안증과 같은 건강 문제의 원인과 해결 방법에 대한 글을 쓰려고 해요.

(1) 여러분의 생각을 써 보세요.

증상은 무엇입니까?	
원인은 무엇입니까?	
해결하기 위해 어떻게 해야 합니까?	

(2) (1)을 바탕으로 건강 문제의 원인과 해결 방법에 대한 글을 써 보세요.

어휘와 표현 확인

의미를 아는 어휘나 표현에 √표 해 보세요.

1 요리를 하다가 손을 다쳤어요

- ☐ 몸살이 나다
- ☐ 눈이 빨개지다
- ☐ 발목을 삐다
- ☐ 속이 불편하다
- ☐ 눈이 가려워서 비비다
- ☐ 허리 통증이 심하다
- ☐ 내과
- ☐ 안과
- ☐ 정형외과
- ☐ 과로하다
- ☐ 넘어지다
- ☐ 알레르기
- ☐ 잠이 들다
- ☐ 종종
- ☐ 돌보다
- ☐ 조카
- ☐ 아기
- ☐ 유치원
- ☐ 냉동실
- ☐ 얼음
- ☐ 껍질
- ☐ 주름
- ☐ 효과
- ☐ 피부
- ☐ 늙다
- ☐ 막다
- ☐ 의견
- ☐ 진행자
- ☐ 블루베리
- ☐ 댓글
- ☐ 보호하다

2 체력이 좋아지도록 운동을 하세요

- ☐ 회복되다
- ☐ 찜질
- ☐ 가라앉다
- ☐ 대기자 명단
- ☐ 정지시키다
- ☐ 처방
- ☐ 수의사
- ☐ 꽃가루
- ☐ 날리다
- ☐ 물약
- ☐ 무더위
- ☐ 한낮
- ☐ 어지럽다
- ☐ 햇볕을 쐬다
- ☐ 체온
- ☐ 양산
- ☐ 기온
- ☐ 설치되다
- ☐ 그늘막
- ☐ 갈증
- ☐ 데

3 아이를 일찍 자게 하세요

- ☐ 과식하다
- ☐ 늦잠을 자다
- ☐ 돈을 절약하다
- ☐ 아침을 굶다
- ☐ 시간을 아껴 쓰다
- ☐ 규칙적인 생활을 하다
- ☐ 음식을 골고루 먹다
- ☐ 물건을 제자리에 놓다
- ☐ 똑같이
- ☐ 새해
- ☐ 관련
- ☐ 불면증
- ☐ 꿈도 못 꾸다
- ☐ 무조건
- ☐ 답답하다
- ☐ 피로
- ☐ 우울하다
- ☐ 의심하다
- ☐ 잘못되다
- ☐ 부족하다
- ☐ 보충하다
- ☐ 피로감
- ☐ 이내
- ☐ 내내
- ☐ 해롭다
- ☐ 신체

6 단원 내가 사는 도시

소단원 1
- 도시와 시골에 대한 어휘와 표현 익히기
- A/V-았/었었-
  A/V-(으)ㄴ/는 반면(에)
- 도시 생활의 장단점에 대한 대화 듣기

소단원 2
- A/V-던
- 시골 마을을 소개하는 대화 듣고 쓰기
- 전원생활의 즐거움에 대해 읽고 말하기

소단원 3
- 여행지의 특징에 대한 어휘와 표현 익히기
- A/V-(으)ㄹ 뿐(만) 아니라
- 서울의 명소 소개하기
- 두 도시 비교의 글 읽고 쓰기

다음 대화를 듣고 A, B, C 중에서 알맞은 사진을 찾아 써 보세요.

1. (　　　　　)
2. (　　　　　)
3. (　　　　　)

61

1 교통이 편리한 반면에 너무 시끄러워요

어휘와 표현 1

1 다음은 도시와 시골의 특징에 대한 표현이에요. 소리 내 읽어 보세요. 그리고 의미를 알아보세요.

(1)

거리가 환해요

(2)

공기가 맑아요

(3)

소음이 심해요

(4)

인심이 좋아요

(5)

가로등이 적어요

(6)

물가가 저렴해요

(7)

사람들로 붐벼요

(8)

고층 빌딩이 많아요

2 1의 표현을 다음에 써 보세요. 그리고 여러분이 알고 있는 다른 표현도 써 보세요.

도시	시골
예 거리가 환해요.	

3 2의 표현을 사용해 친구와 이야기해 보세요.

(1) 여러분의 고향은 어떤 곳이에요?

(2) 도시에서 살면서 가장 편하고 좋은 점은 뭐예요?

문법 1

1 다음 대화를 듣고 질문에 알맞은 답을 골라 보세요. 62

(1) 두 사람이 간 동네는 예전에는 어땠어요?

① 예전보다 지금 사람이 더 많아요.
② 예전에는 지금보다 사람이 더 많았어요.

(2) 섬에 가려면 어떻게 가야 돼요?

① 차와 배로 모두 갈 수 있어요.
② 배로는 갈 수 없고 차로만 갈 수 있어요.

2 과거 사실이 지금 계속되지 않을 때 어떻게 말해요? 다음 대화를 듣고 따라 해 보세요. 63

A 위칭 씨, 한국 생활이 재미있지요?
B 네. 처음에는 친구도 없고 아는 사람이 없어서 외로웠었어요. 그런데 지금은 친구들이 있어서 한국 생활이 즐거워요. 엘렌 씨는 어때요?
A 저도 처음에는 지하철을 타는 방법도 몰랐었는데 지금은 지하철로 어디든지 갈 수 있어서 편해요.

A/V-았었/었었-

'-았/었었-'은 형용사, 동사, '이다'와 함께 쓰여 어떤 일이 과거의 어느 시점에 완료되었음을 나타낸다. 과거 사실이 현재와 다르거나 계속되지 않음을 나타낼 때 사용된다.

예) 지금은 활발하지만 고등학교 때까지는 성격이 조용했었어요.
어렸을 때는 채소만 빼고 먹었었는데 지금은 채소도 잘 먹어요.
20년 전에 이 사람은 정말 유명한 영화배우였었어요.

3 어렸을 때와 비교해서 쇼타는 어떤 점이 달라졌을까요? 다음을 보고 '-았/었었-'을 사용해 말해 보세요.

(1) 키가 컸다

(2) 눈이 나빴다

(3) 수학을 잘했다

(4) 인기가 많았다

(5) 책을 많이 읽었다

(6) 동생과 사이가 좋았다

A 쇼타 씨는 어렸을 때도 키가 컸어요?

B 아니요. 어렸을 때는 다른 친구들보다 훨씬 키가 작았었어요.

4 옛날 사람들은 어떻게 생활했을까요? 다음을 보고 '-았/었었-'을 사용해 서로 묻고 답해 보세요. 그리고 새 대화도 만들어 보세요.

치약이 없었을 때 사람들은 뭐로 이를 닦았어요?

옛날에는 소금으로 이를 닦았었어요.

(1) 치약이 없었을 때 사람들은 뭐로 이를 닦았어요?

(2) 자동차가 없었을 때 사람들은 어떻게 이동했어요?

(3) 전화가 없었을 때 사람들은 어떻게 연락했어요?

(4) 종이가 없었을 때 사람들은 어디에 글을 썼어요?

(5)

(6)

문법 2

1 다음을 읽어 보세요. 서로 다른 상반되는 내용을 연결하는 표현을 찾아 모두 밑줄을 그어 보세요. 그리고 그림에 맞는 표현도 찾아보세요.

나는 오늘 학교 앞 식당에 갔다. 그 식당은 분위기도 좋고 음식도 아주 맛있었다. 하지만 맛있는 반면에 가격이 너무 비쌌다. 또 다른 식당보다 서비스가 좋았지만 손님이 너무 많아서 오래 기다려야 했다. 그곳은 맛과 분위기가 좋은 반면에 오래 기다려야 돼서 자주 가기 힘들 것 같다.

2 앞의 내용과 뒤의 내용이 상반될 때 어떻게 말해요? 다음 대화를 듣고 따라 해 보세요. 64

A 올리버 씨, 새로 들어간 회사는 어때요?
B 모든 일이 처음이라서 힘든 반면에 배우는 재미가 있어서 좋아요.

A 마테오 씨, 지금 하는 일은 어때요?
B 월급을 많이 주는 반면에 일이 너무 많아서 피곤해요.

A-은 반면(에)/ㄴ 반면(에)
V-은 반면(에)/ㄴ 반면(에), -는 반면(에)

'-(으)ㄴ/는 반면(에)'는 형용사, 동사, '이다'와 함께 쓰여 앞의 내용과 뒤의 내용이 상반되는 사실임을 나타낸다.

예) 외국에서 생활하면 외로운 반면에 새로운 경험을 해 볼 기회가 많아서 좋아요.
출퇴근 시간에 지하철을 타면 길이 막히지 않는 반면에 너무 붐벼서 힘들어요.
형은 사교적인 반면에 동생은 내성적인 편이에요.

3 다음을 보고 '-(으)ㄴ/는 반면(에)'를 사용해 말해 보세요.

(1)

(2)

(3)

(4)

(5)

(6)

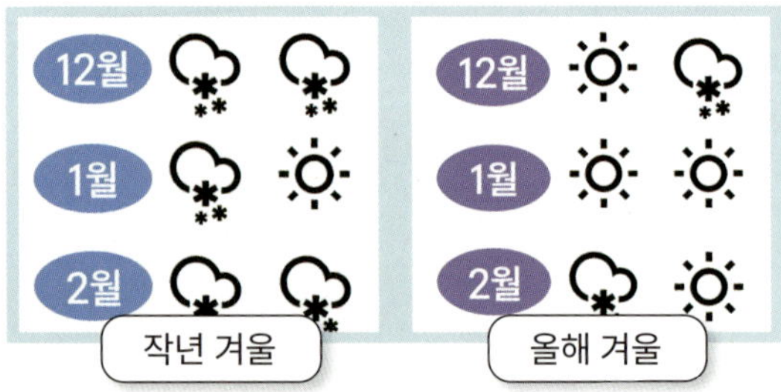

A 도시와 시골은 어떻게 달라요?

B 도시는 높은 건물이 많은 반면에 시골은 높은 건물이 거의 없어요.

4 다음을 보고 '-(으)ㄴ/는 반면(에)'를 사용해 서로 묻고 답해 보세요. 그리고 새 대화도 만들어 보세요.

그 가수는 춤을 잘 추죠?

		장점	단점
(1)	가수	춤을 잘 추다	노래를 잘 못하다
(2)	책	재미있다	내용이 좀 복잡하다
(3)	공연		예약이 어렵다
(4)	학교		들어가기 힘들다
(5)			
(6)			

네. 그런데 춤은 잘 추는 반면에 노래는 잘 못해요.

듣기

1 다음은 도시의 모습이에요. 여러분은 어떤 곳에서 살고 싶어요?

2 다음은 루이즈와 조슈아의 대화예요. 잘 듣고 물음에 답해 보세요.

65

(1) 두 사람의 대화 내용으로 맞지 <u>않는</u> 것을 골라 보세요.

① 루이즈는 약속에 늦어서 택시를 탔어요.
② 루이즈와 조슈아는 퇴근 시간에 만났어요.
③ 루이즈의 고향은 출퇴근 시간에 길이 막히지 않아요.

(2) 두 사람이 말한 서울 생활의 장점으로 맞지 <u>않는</u> 것을 골라 보세요.

①

②

③

(3) 서울 생활에 대한 루이즈의 태도로 가장 알맞은 것을 골라 보세요.

① 서울 생활에 만족해하고 있어요.
② 서울 생활에 적응하지 못하고 있어요.
③ 서울에서 계속 살지 고민하고 있어요.

3 여러분은 10년 후에 어떤 곳에서 살고 싶어요? 그 이유는 뭐예요? 친구와 이야기해 보세요.

문법 3

1 진영은 옷을 어떻게 갖게 되었어요? 다음 대화를 듣고 알맞은 것을 골라 보세요. 66

(1)

(2)

2 여러 번 계속된 과거의 사건을 다시 떠올리면서 말할 때 어떻게 말해요? 다음 대화를 듣고 따라 해 보세요. 67

A 제가 지난주에 승진했으니까 오늘 한턱낼게요. 우리 어떤 식당에 갈까요?

B 그럼 축하할 일이 있을 때마다 가던 곳으로 가면 어때요?
거기가 음식도 맛있고 조용하잖아요.

A 그래요. 자리도 우리가 자주 앉던 창가 자리로 예약되는지 물어볼까요?

B 네. 그게 좋겠어요.

A/V-던

'-던'은 형용사, 동사, '이다'와 함께 쓰여 여러 번 또는 한동안 계속된 과거의 사건이나 행위, 상태를 다시 떠올리면서 말할 때 사용한다. 또한 '-던'은 과거의 사건, 행위, 상태가 완료되지 않고 중단되었음을 나타낼 때도 사용된다.

예) 맛있던 빵이 감기에 걸리니까 먹기 싫어졌어요.
제가 한국에 오기 전까지 살던 곳은 바닷가 근처의 작은 도시예요.
고등학교 때 내성적이던 친구가 코미디언이 됐다고 해요.
조금 전까지 마시던 커피를 어디에 놓았는지 기억이 안 나요.

3 작년에 같이 한국어를 공부하던 친구들은 어떤 친구들이었어요? 학생 A와 B가 되어 '-던'을 사용해 말해 보세요. 그리고 누구인지 그림 속에서 찾아보세요.

학생 A (1) 레아 (2) 리카 (3) 다니엘 (4) 제이슨

학생 B p.155 >

A 같이 공부하던 친구들 중 레아는 어떤 친구였어요?

B 레아는 매일 남자 친구와 통화를 하던 친구였어요.

[학생 A의 지난 학기 친구] 대답하세요!

(5) 샤니	자주 음악을 들었다
(6) 브루나	시간이 있으면 팔찌나 목걸이를 만들었다
(7) 샤오둥	수업에 자주 늦었다
(8) 타나펀	케이팝 댄스를 좋아했다

4 다음을 보고 '-던'을 사용해 서로 묻고 답해 보세요. 그리고 새 대화도 만들어 보세요.

고등학교 때 어떤 과목을 가장 싫어했어요?

제가 고등학교 때 싫어하던 과목은 영어였어요.

(1) 어떤 과목을 가장 싫어했어요?

(2) 어디에서 살았어요?

(3) 친구들과 어떤 이야기를 자주 했어요?

(4) 스트레스를 받으면 어디에 자주 갔어요?

(5)

(6)

듣고 쓰기

1 다음을 보고 상우와 올리버가 이야기하는 강릉 안반데기는 어떤 곳인지 말해 보세요.

2 다음은 강릉 안반데기에 대한 대화예요. 잘 듣고 물음에 답해 보세요.

68

(1) 대화를 잘 들으세요. 들은 내용 중 중요한 것을 메모해 보세요.

(2) 다시 대화를 듣고 물음에 답해 보세요.

1) 강릉 안반데기는 상우에게 어떤 곳이에요?

2) 올리버는 이곳을 어떻게 알았어요?

3) 상우가 올리버에게 추천한 것으로 맞지 않는 것을 골라 보세요.

① 

② 

③ 

(3) 한 번 더 들으세요. 들으면서 잘못 들었거나 새롭게 들은 내용을 (1)에 추가해 써 보세요.

3 3~4명씩 모여서 2의 내용을 바탕으로 글을 써 보세요.

(1) 2의 (1)을 서로 비교하면서 같은 것과 다른 것이 무엇인지 확인해 보세요.

(2) 2의 내용을 '-던'과 '-(으)ㄴ/는 반면(에)'를 사용해 6~7문장의 글로 완성해 보세요.

올리버는 이번 주말에 친구와 강릉 안반데기로 여행을 가기로 해서 인터넷으로 그곳에 대해 알아보고 있어요.

(3) (2)의 내용과 표현이 맞는지 175쪽의 듣기 지문과 비교해 보세요.

읽고 말하기

1 **다음은 도시를 떠나 시골에서 전원생활을 하고 있는 사람의 이야기예요. 왜 도시를 떠났고 지금은 뭘 하고 있을지 다음을 보고 말해 보세요.**

2 **다음은 전원생활에 대해 개인 홈페이지에 올린 글이에요. 글을 읽고 다음에 메모해 보세요.**

Instagram

나는 서울에서 다니던 회사를 그만두고 작년에 제주도 바닷가 근처에 있는 작은 마을로 내려왔다. 처음 이곳에 왔을 때는 모든 것을 처음부터 시작해야 돼서 너무 힘들었다. 그러나 지금 생각해 보면 그때 이곳으로 내려오기를 잘한 것 같다. 서울에서 내가 다니던 회사는 월급을 많이 주는 반면에 해야 할 일이 너무 많았었다. 일도 나와 맞지 않았고 사람 때문에 스트레스도 받았다. 일이 즐겁지 않아서 일에 대한 의욕이 점점 없어질 때쯤 제주도로 휴가를 왔었다. 그때 숙소 근처에 있는 작은 귤밭에서 귤을 따는 일을 우연히 돕게 되었다. 그런데 신기하게 귤을 따는 동안 복잡한 생각들이 사라지는 것을 느꼈다. 그 뒤로 서울에 돌아가 반년을 고민한 후 회사에 사표를 냈다.

제주도에서 전원생활을 하는 지금은 회사를 다닐 때보다 수입은 적다. 그러나 인심이 좋은 동네 사람들 덕분에 바쁜 도시 생활에서 잃어버린 마음의 여유도 되찾았다. 즐거운 일과 따뜻한 사람들이 있어서 항상 웃게 되는 지금이 나는 정말 좋다. #제주도 #귤밭 #회사사표 #전원생활

Q 전원생활을 하기 전에 무슨 일을 했어요? 그 일은 어땠어요?

A ______________________________

Q 일을 그만두고 전원생활을 하게 된 계기는 무엇이에요?

A ______________________________

Q 전원생활을 하게 된 후 무엇이 달라졌어요?

A ______________________________

3 다음은 전원생활을 즐기는 사람들의 모습이에요. 다음 중 하나를 골라 메모하면서 이야기를 만들어 보세요.

Q 전원생활을 하기 전에 무슨 일을 했어요? 그 일은 어땠어요?

A ______________________________

Q 일을 그만두고 전원생활을 하게 된 계기는 무엇이에요?

A ______________________________

Q 전원생활을 하게 된 후 무엇이 달라졌어요?

A ______________________________

4 3~4명씩 모이세요. **3**의 메모를 보고 다음과 같이 말해 보세요. 그리고 다른 친구들의 질문에 답해 보세요.

A 저는 서울에서 회사를 다녔었어요. 다니던 회사는 월급을 많이 주는 반면에 해야 할 일이 너무 많았어요. 일에 대한 의욕이 없어질 때쯤 제주도로 휴가를 와서 우연히 숙소 근처 귤밭에서 귤을 따는 일을 돕게 됐어요. …… 지금이 저는 정말 좋아요.

B 잘 들었어요. 제주도에서 사는 지금이 정말 행복해 보여요. 요즘은 하루를 어떻게 보내요?

5 각 팀에서 제일 흥미 있는 이야기를 골라 발표해 보세요.

+ 더 알아보기

A-은 덕분에/ㄴ 덕분에
V-은 덕분에/ㄴ 덕분에, -는 덕분에

'-(으)ㄴ/는 덕분에'는 일부 형용사, 동사와 함께 쓰여 어떤 은혜나 도움으로 인해 좋은 결과가 있을 때 사용한다. 명사의 경우 'N 덕분에'의 형태로 쓴다.

예) 요즘 일교차가 크지 않은 덕분에 감기 환자가 줄었어요.
동료가 도와준 덕분에 서류 정리를 빨리 끝냈어요.
좋은 친구들 덕분에 한국 생활이 즐거워요.

3 경치가 아름다울 뿐만 아니라 음식도 맛있어요

어휘와 표현 2

1 **다음은 여행지의 특징에 대한 표현이에요. 듣고 따라 해 보세요. 그리고 의미를 알아보세요.** 69

(1)

도시에 **활기가 넘쳐요**.

(2)

경주는 **역사가 깊은** 도시예요.

(3)

이곳은 자연과 **조화를 이루고** 있어요.

(4)

지금까지 **옛 모습을 보존하고** 있어요.

(5)

서울은 한국 정치, 경제의 **중심지예요**.

(6)

인천은 서울의 서쪽에 **위치하고** 있어요.

2 **다음 대화를 듣고 1의 표현을 사용해 문장을 완성해 보세요.** 70

(1) 서울은 한국 경제의 ______________________.

(2) 진차오는 여행을 가면 ______________________ 시장을 꼭 가 봐요.

(3) 두 사람은 ______________________ 있는 동네에 대해서 이야기하고 있어요.

(4) 진영은 ______________________ 자신의 학교를 소개하고 있어요.

(5) 두 사람은 자연과 ______________________ 있는 건물을 보고 있어요.

3 **1의 표현을 사용해 친구와 이야기해 보세요.**

(1) 여러분은 서울이 어떤 도시라고 생각해요?

(2) 여러분의 기억에 남는 여행지는 어디예요? 그 여행지는 어떤 특징이 있어요?

문법 4

1 다음을 읽고 색칠한 부분이 어떤 의미일지 추측해 보세요.

나는 보통 여행을 가면 호텔에서 자는 편이지만 이번에는 혼자였기 때문에 유스 호스텔에서 묵었다. 혼자라서 여행 내내 외로울 것 같았는데 숙소에서 만난 사람들과 같이 이야기도 하고 시간이 맞으면 함께 여행도 다녔다. 그 사람들이 있어서 이번 여행이 외롭지 않았을 뿐만 아니라 새로운 곳도 구경할 수 있어서 정말 좋았다.

2 다른 정보를 추가해서 말할 때 어떻게 말해요? 다음 대화를 듣고 따라 해 보세요. 71

A 까만색 부츠를 사고 싶은데요.
B 그럼 이 부츠는 어떠세요? 가격이 저렴할 뿐만 아니라 디자인도 예뻐서 요즘 잘 나가요.

A 안나 씨, 제주도 여행 어땠어요?
B 제주도에 있는 동안 비가 많이 왔을 뿐만 아니라 바람도 많이 불어서 구경을 거의 못 했어요.

A/V-을 뿐(만) 아니라/ㄹ 뿐(만) 아니라

'-(으)ㄹ 뿐(만) 아니라'는 형용사, 동사, '이다'와 함께 쓰여 앞의 정보와 함께 다른 정보를 추가할 때 사용된다. 명사의 경우 'N뿐(만) 아니라'의 형태로 쓴다.

예) 그 동네는 주변 소음이 심할 뿐만 아니라 공기도 나빠서 살기 안 좋아요.
쇼타는 책을 많이 읽을 뿐만 아니라 사회 경험도 많아서 모르는 게 없어요.
전주는 전통적일 뿐만 아니라 높은 빌딩도 많아서 현대적이에요.
제 동생은 운동뿐 아니라 공부도 잘해요.

3 다음을 보고 ✓표 하세요. 그리고 '-(으)ㄹ 뿐(만) 아니라'를 사용해 말해 보세요.

(1)	사람들이 마테오를 왜 좋아해요?	☐ 웃기다	☑ 활발하다	☑ 분위기를 좋게 만들어 주다
(2)	그 식당에 왜 자주 가요?	☐ 맛있다	☐ 친절하다	☐ 양이 많다
(3)	그 연예인을 왜 좋아해요?	☐ 잘생겼다	☐ 연기를 잘하다	☐ 좋은 일을 많이 하다
(4)	왜 이 노래를 좋아하세요?	☐ 가사가 좋다	☐ 멜로디가 아름답다	☐ 좋아하는 가수가 불렀다
(5)	인터넷 쇼핑을 하면 뭐가 좋아요?	☐ 간편하다	☐ 싸게 살 수 있다	☐ 시간을 아낄 수 있다
(6)	지금 사는 동네는 어떤 점이 마음에 들어요?	☐ 교통이 편리하다	☐ 편의 시설이 많다	☐ 근처에 공원이 있다

A 사람들이 마테오를 왜 좋아해요?
B 마테오는 활발할 뿐만 아니라 분위기를 좋게 만들어 줘서 좋아해요.

4 다음을 보고 '-(으)ㄹ 뿐(만) 아니라'를 사용해 서로 묻고 답해 보세요. 그리고 새 대화도 만들어 보세요.

이번 주말에 어디에 갈까요?

서울 남대문 시장 어때요? 사람들로 활기가 넘칠 뿐만 아니라 시장 음식도 맛볼 수 있대요.

(1) 서울 남대문 시장

- 사람들로 활기가 넘치다
- 시장 음식을 맛보다

(2) 안동 하회 마을

- 역사가 깊다
- 옛 모습을 잘 보존하다

(3) 전주 한옥 마을

- 한옥을 볼 수 있다
- ______

(4) 부산 해운대

- 물놀이를 즐길 수 있다
- ______

(5) ______

- ______
- ______

(6) ______

- ______
- ______

말하기

서울의 유명한 곳과 그곳에서 할 수 있는 것에 대해 이야기하려고 해요. 친구의 연휴 계획을 듣고 유명한 곳을 말하고 그곳에서 할 수 있는 것과 다른 것도 추가해서 말하는 역할극을 해 보세요.

1 다음은 역할극의 상황이에요. 다음을 보고 어떤 상황인지 친구와 이야기해 보세요.

루이즈는 이번 연휴에 친구가 서울로 여행을 와서 함께 고궁을 구경하러 가려고 해요. 상우는 루이즈의 계획을 듣고 구경하기 좋고 유명한 고궁을 말해요. 그리고 거기서 할 수 있는 것에 다른 것을 추가해서 말해 줘요.

(1) 유명한 곳을 말할 때와 그곳에서 할 수 있는 것에 다른 것을 추가해서 말할 때 어떻게 말해요? 이때 사용하는 표현을 써 보세요. 그리고 루이즈와 상우가 되어 역할극을 해 보세요.

기능	표현
유명한 곳 말하기	
할 수 있는 것에 다른 것을 추가해서 말하기	

① 상우에게 고궁 중에서 어디가 좋은지 물어보세요.

루이즈

① 루이즈에게 아름다운 고궁으로 유명한 곳을 알려 주세요.

② 상우가 알려 준 고궁에서 할 수 있는 일을 물어보세요.

상우

② 루이즈에게 알려 준 고궁에서 할 수 있는 것에 다른 것도 추가해서 말해 주세요.

(2) (1)에서 만든 대화에 대해 말해 보세요.

여러분은 친구에게 유명한 곳을
말할 때 어떻게 말했어요?

그곳에서 할 수 있는 것에 다른 것을
추가해서 말할 때 어떻게 말했어요?

2 유명한 곳을 말할 때와 그곳에서 할 수 있는 것에 다른 것을 추가해서 말할 때 어떻게 말하는지 알아보세요.

(1) 유명한 곳을 말할 때 어떻게 표현할까요?

유명한 곳 말하기

A 친구가 고궁을 보고 싶어 해서 고궁에 갈까 해요. 어디가 좋을까요?

B
- 가장 아름다운 곳 하면 창덕궁이죠.
- 창덕궁이 아름다운 곳으로 유명해요.
- 고궁 구경 하면 창덕궁을 빼놓을 수 없죠.

(2) 할 수 있는 것에 다른 것을 추가해서 말할 때 어떻게 표현할까요?

할 수 있는 것에 다른 것을 추가해서 말하기

A 거기에 가면 왕이 살던 곳을 직접 볼 수 있어요?

B
- 왕이 잠을 자고 일하던 곳도 구경할 수 있어요.
- 왕이 살던 곳뿐만 아니라 일하던 곳도 볼 수 있어요.
- 왕이 생활하던 곳을 볼 수 있어요. 게다가 일하던 곳도 볼 수 있어요.

3 다음 대화를 들은 후 읽어 보세요. 그리고 대화 내용과 순서를 알아보세요. 72

연휴 계획 묻고 답하기	상우	루이즈 씨, 이번 연휴에 뭐 해요?
	루이즈	프랑스에서 친구가 와서 서울을 구경하기로 했어요.
	상우	와, 정말 재미있겠어요. 친구랑 서울 어디에 갈 거예요?
유명한 곳 묻고 답하기	루이즈	글쎄요. 친구가 고궁을 보고 싶어 해서 고궁에 갈까 해요. 어디가 좋을까요?
	상우	서울에는 고궁이 여러 개 있는데요. 그중에서 가장 아름다운 곳 하면 창덕궁이죠. 창덕궁은 여러 고궁 중에서 옛 모습을 가장 잘 보존하고 있을 뿐만 아니라 자연과 조화를 이루고 있거든요.
그곳에서 할 수 있는 것을 묻는 질문에 다른 것을 추가해서 답하기	루이즈	상우 씨 덕분에 좋은 곳을 알았네요. 그럼 창덕궁에 갈게요. 거기에 가면 왕이 살던 곳을 직접 볼 수 있어요?
	상우	그럼요. 왕이 살던 곳뿐만 아니라 일하던 곳도 볼 수 있어요. 역사에 대한 설명도 들을 수 있고요.
관광에 필요한 다른 정보 묻고 답하기	루이즈	그래요? 설명도요? 설명을 들으려면 어떻게 해야 돼요?
	상우	미리 예약해야 하니까 홈페이지에서 신청하세요.

4 다음 대화 상황과 역할을 읽고 **2**와 **3**에서 배운 것을 활용해 사람 1과 사람 2가 되어 역할극을 해 보세요.

사람 1

사람 2에게 연휴 계획을 묻고 서울에서 쇼핑으로 유명한 곳을 말하고 그곳에서 할 수 있는 것에 다른 것을 추가해서 말하세요. 그리고 쇼핑에 필요한 다른 정보도 알려 주세요.

이번 연휴에 친구가 서울에 여행을 와요. 친구가 쇼핑에 관심이 많아서 쇼핑을 하려고 해요. 사람 1에게 쇼핑으로 유명한 장소와 그곳에서 할 수 있는 것을 묻고 쇼핑에 필요한 다른 정보도 물어보세요.

사람 2

5 친구와 같이 만든 역할극을 발표해 보세요.

읽고 쓰기

1 다음은 두 도시를 비교하는 글이에요. 두 도시의 차이점을 생각하면서 읽어 보세요.

____

뉴욕(New York)과 로스앤젤레스(Los Angeles)는 미국의 대표적인 대도시이다. 그런데 이 두 도시는 비슷한 점도 있고 다른 점도 있다. 바다 근처에 위치한 두 도시는 모두 문화와 관계가 깊다. 뉴욕은 패션의 중심지로 세계 유명 패션쇼가 매년 열릴 뿐만 아니라 유명 브랜드의 옷을 볼 수 있는 곳이고, 로스앤젤레스는 할리우드가 있어서 세계 영화 산업의 중심지이다. 또한 이 두 곳 모두 전 세계에서 모인 다양한 민족이 함께 조화를 이루면서 살고 있기 때문에 여러 나라의 음식과 문화를 쉽게 접할 수 있다.

그런데 뉴욕과 로스앤젤레스는 다른 점도 있다. 뉴욕은 미국 동부에, 로스앤젤레스는 미국 서부에 위치하고 있다. 그래서 기후와 도시 분위기가 다르다. 뉴욕은 사계절이 뚜렷하고 고층 빌딩 숲이 있어서 밤이 되면 도시 전체가 화려하고 현대적이다. (Ⓐ) 로스앤젤레스는 1년 내내 따뜻한 날씨에 아름다운 해변이 더해져 휴양지에 온 것 같은 자유로운 분위기를 느낄 수 있다.

두 도시는 미국 문화 산업에 영향을 주고 있다는 공통점이 있다. 그러나 위치와 기후, 도시의 분위기에서 뚜렷한 차이를 보이면서 서로 다른 매력을 가지고 발전하고 있다.

2 위의 글을 다시 읽으세요. 읽은 후에 두 도시의 차이점을 찾아서 써 보세요.

	뉴욕	로스앤젤레스
위치		
기후		
분위기		

3 다음 물음에 답해 보세요.

(1) 이 글의 제목으로 알맞은 것을 골라 보세요.

① 뉴욕과 로스앤젤레스
② 두 도시의 분위기가 다른 이유
③ 뉴욕과 로스앤젤레스의 공통점

(2) Ⓐ에 들어갈 말로 알맞은 것을 골라 보세요.

① 또한　　② 반면에　　③ 게다가

(3) 다음 중 뉴욕과 로스앤젤레스에 대한 설명으로 맞지 않는 것을 골라 보세요.

① 두 도시는 모두 바다 근처에 있다.
② 뉴욕은 패션과 관계가 깊은 작은 도시다.
③ 로스앤젤레스는 영화 산업이 발달했다.

(4) 두 도시에서 다양한 나라의 음식과 문화를 쉽게 만날 수 있는 이유를 써 보세요.

____

4 여러분 나라에 있는 두 도시를 비교하려는 글을 쓰려고 해요.

(1) 여러분의 생각을 써 보세요.

비교하려는 두 도시는 어디입니까?	
두 도시의 공통점은 무엇입니까?	
두 도시의 차이점은 무엇입니까?	

(2) 위의 메모를 바탕으로 여러분 나라의 두 도시를 비교하는 글을 써 보세요.

어휘와 표현 확인

의미를 아는 어휘나 표현에 ✓표 해 보세요.

1 교통이 편리한 반면에 너무 시끄러워요

- □ 시골
- □ 거리가 환하다
- □ 사람들로 붐비다
- □ 물가가 저렴하다
- □ 공기가 맑다
- □ 인심이 좋다
- □ 소음이 심하다
- □ 가로등이 적다
- □ 고층 빌딩이 많다
- □ 예전
- □ 섬
- □ 사이가 좋다
- □ 옛날
- □ 이동하다
- □ 종이
- □ 소금
- □ 월급
- □ 태도
- □ 고민하다

2 이곳은 머리를 식히러 제가 자주 가던 곳이에요

- □ 과목
- □ 자연
- □ 멀리
- □ 해가 뜨다
- □ 일출
- □ 환상적이다
- □ 전원생활
- □ 내려오다
- □ 그러나
- □ 의욕
- □ 점점
- □ 귤밭
- □ 귤
- □ 사라지다
- □ 우연히
- □ 사표
- □ 수입

3 경치가 아름다울 뿐만 아니라 음식도 맛있어요

- □ 활기가 넘치다
- □ 역사가 깊다
- □ 조화를 이루다
- □ 옛 모습을 보존하다
- □ 중심지
- □ 위치하다
- □ 정치
- □ 서쪽
- □ 동쪽
- □ 에너지
- □ 그대로
- □ 유스 호스텔
- □ 가사
- □ 간편하다
- □ 창덕궁
- □ 게다가
- □ 빼놓다
- □ 대도시
- □ 매년
- □ 패션쇼
- □ 브랜드
- □ 산업
- □ 민족
- □ 접하다
- □ 동부
- □ 서부
- □ 기후
- □ 뚜렷하다
- □ 숲
- □ 전체
- □ 현대적
- □ 휴양지
- □ 공통점
- □ 발달하다

부록

Appendix

2단원 | 성격과 외모

3 학생 A와 B가 되어 '-(으)ㄴ/는 편이다'를 사용해 말해 보세요. 그리고 친구의 대답을 듣고 ✓표 해 보세요.

학생 B

학생 A p.44 >

[한국 생활] 질문하세요!

(5) 한국 친구가 많아요?	□ 네	□ 아니요
(6) 집이 학교에서 가까워요?	□ 네	□ 아니요
(7) 한국 음식을 자주 먹어요?	□ 네	□ 아니요
(8) 한국에서 여행을 많이 했어요?	□ 네	□ 아니요

[회사 생활] 대답하세요!

(1) 직원이 스무 명 정도 되다	□ 네	☑ 아니요
(2) 집에서 한 시간 반 걸리다	☑ 네	□ 아니요
(3) 야근을 한 달에 한 번 정도 하다	□ 네	☑ 아니요
(4) 작년에 매달 해외 출장을 갔다	☑ 네	□ 아니요

A 올리버 씨, 지금 다니는 회사가 큰 편이에요?

B 아니요. 크지 않은 편이에요. 직원이 스무 명 정도 돼요.

3단원 | 여가 활동

3 내일 무엇을 할 거예요? 학생 A와 B가 되어 '-고 나다'를 사용해 말해 보세요. 그리고 친구의 대답을 듣고 순서대로 번호를 써 보세요.

학생 B

학생 A p.66 >

마테오

(5) 미용실, 머리를 자르다
↓
(6) 치과, 이를 치료를 받다
↓
(7) 마트, 장을 보다
↓
(8) 집, 저녁을 준비하다

다샤

A 마테오 씨, 저는 내일 공원에 갈 거예요.
공원에서 산책하고 나서 도서관에서 책을 읽을 거예요.

B 그래요? 그럼 그다음에 뭐 할 거예요?

3 학생 A와 B가 되어 '사동사'를 사용해 말해 보세요. 그리고 써 보세요.

학생 B　대답하세요! (1) (2) (3) (4)

학생 A p.112 >

A 유치원 선생님이 지금 뭐 하고 있어요?

B 물을 끓여요.

6단원 | 내가 사는 도시

3 작년에 같이 한국어를 공부하던 친구들은 어떤 친구들이었어요? 학생 A와 B가 되어 '-던'을 사용해 말해 보세요. 그리고 누구인지 그림 속에서 찾아보세요.

학생 B (5) 샤니 (6) 브루나 (7) 샤오동 (8) 타나펀

학생 A p.137 >

A 같이 공부하던 친구들 중 레아는 어떤 친구였어요?

B 레아는 매일 남자 친구와 통화를 하던 친구였어요.

[학생 B의 지난 학기 친구] 대답하세요!

(1) 레아	매일 남자 친구와 통화했다
(2) 리카	패션에 관심이 많았다
(3) 다니엘	다른 친구들한테 친절했다
(4) 제이슨	쉬는 시간에 자주 잤다

듣기 지문 및 정답

1단원 | 새 학기, 새로운 시작

도입

1. 조슈아 도서관에서 빌린 책을 이 자동 반납기에 반납해도 돼요?
   진영 그럼요. 여기에 하면 돼요.
2. 올리버 어떻게 이 가수를 좋아하게 됐어요?
   위칭 뮤직비디오를 봤는데 너무 멋있어서 반했어요. 그래서 다음 달에 콘서트가 있는데 가 보려고요.
3. 선배 진차오, 올해 꼭 이루고 싶은 목표가 있어?
   진차오 응. 꼭 원하는 대학교에 입학하고 싶어.

1. C 2. A 3. B

1 단어를 외우는 중이에요

문법 1

1. A 여보세요, 다샤 씨! 점심 먹었어요? 안 먹었으면 같이 먹을래요?
   B 아니에요. 지금 점심을 먹는 중이에요. 나중에 같이 먹어요.

(1)

3. (3) A 쇼타는 지금 뭐 하고 있어요?
   B 쇼타는 창문을 여는 중이에요.

   (4) A 위칭은 지금 뭐 하고 있어요?
   B 위칭은 자는 중이에요.

   (5) A 조슈아는 지금 뭐 하고 있어요?
   B 조슈아는 책을 읽는 중이에요.

   (6) A 루이즈는 지금 뭐 하고 있어요?
   B 루이즈는 단어를 외우는 중이에요.

문법 2

1. 저는 오늘 아침에 늦잠을 잤어요. 그래서 일어나자마자 세수하고 가방을 챙긴 후에 집에서 나왔어요. 집에서 나오자마자 지하철역까지 뛰어갔어요. 다행히 학교에 늦지 않게 도착했어요.

듣기

2. 진차오 유나 씨, 저 좀 도와줄 수 있어요?
   유나 네. 뭔데요?
   진차오 지금 휴대 전화로 학교 도서관 홈페이지를 보는 중인데요. 읽고 싶은 책 이름을 어디에 써야 돼요?
   유나 여기 가운데 자료 검색이라고 된 곳에 쓰면 돼요. 그리고 여기 검색을 누르면 찾는 책이 나오니까 도서관에 가서 찾으면 돼요. 한번 해 보세요.
   진차오 알겠어요. 찾기 쉽네요. 그런데 도서관에서 책은 얼마 동안 빌려줘요?
   유나 대출 기간은 2주일인데요. 좀 더 연장할 수도 있어요.
   진차오 그래요? 연장되는군요. 그런데 책을 빌리고 반납할 때는 도서관에 가서 해야 되죠?
   유나 빌릴 때는 도서관에서 해야 하지만 반납은 학교 곳곳에 24시간 자동 반납기가 있으니까 평일이나 주말 언제든지 그걸 이용해도 돼요. 진차오 씨, 내일 도서관에 가서 빌려 보세요.
   진차오 네. 알겠어요. 내일 수업이 끝나자마자 한번 가 볼게요.

(1) ③ (2) ② (3) ①

2 춤이 멋있고 화려했거든요

문법 3

1. (1) A 올리버 씨, 오늘 호주에서 친구가 오죠? 친구랑 뭐 할 거예요?
   B 경복궁에 구경하러 가려고요. 친구가 역사에 관심이 많거든요.

   (2) A 위칭, 오늘 점심에 뭐 먹을까? 우리 김치볶음밥 먹는 거 어때?
   B 좋아. 먹어 보고 싶었어. 한 번도 못 먹어 봤거든.

   (1) ② (2) ①

3. (1) A 오늘 수업 후에 같이 점심 먹을래요?
   B 미안해요. 오늘은 안 될 것 같아요. 선약이 있거든요.

   (2) A 오늘 수업 후에 같이 점심 먹을래요?
   B 미안해요. 오늘은 안 될 것 같아요. 동생이 아프거든요.

   (3) A 오늘 수업 후에 같이 점심 먹을래요?
   B 미안해요. 오늘은 안 될 것 같아요. 배탈이 난 것 같거든요.

   (4) A 오늘 수업 후에 같이 점심 먹을래요?
   B 미안해요. 오늘은 안 될 것 같아요. 어젯밤에 거의 못 잤거든요.

   (5) A 오늘 수업 후에 같이 점심 먹을래요?
   B 미안해요. 오늘은 안 될 것 같아요. 선생님과 상담하기로 했거든요.

   (6) A 오늘 수업 후에 같이 점심 먹을래요?
   B 미안해요. 오늘은 안 될 것 같아요. 오늘 부모님이 한국에 오시거든요.

듣고 쓰기

2. 상우 안나 씨, 한국에 온 지 얼마 안 됐지요? 한국에 오면 제일 해 보고 싶은 게 뭐였어요?
   안나 전 길거리 음식을 먹어 보고 싶었어요.
   상우 길에서 파는 길거리 음식요? 뭘 먹어 보고 싶었는데요?
   안나 호떡하고 감자 핫도그요. 그런데 감자 핫도그는 지난달에 한국에 오자마자 명동에 갔을 때 거기서 먹어 봤어요.
   상우 그럼 호떡은 아직 못 먹어 봤어요?
   안나 네. 맛있는 호떡 집을 못 찾았거든요.
   상우 그래요? 그럼 주말에 저랑 호떡 먹으러 갈래요? 제가 정말 맛있는 곳을 알고 있어요.
   안나 정말요? 같이 가요. 꼭 연락 주세요.

   (2) 1) 길거리 음식을 먹어 보고 싶었어요.
   2) 지난달에 한국에 오자마자 명동에 갔어요. 거기서 감자 핫도그를 먹어 봤어요.
   3) ①

3. (2) (예시)

   안나는 한국에 오면 길거리 음식을 먹고 싶었어요. 특히 호떡과 감자 핫도그를 먹고 싶었어요. 안나는 지난달에 한국에 오자마자 명동에 가서 감자 핫도그를 먹어 봤어요. 하지만 호떡은 아직 못 먹어 봤어요. 맛있는 호떡 집을 못 찾았거든요. 그런데 상우가 호떡을 맛있게 하는 곳을 알고 있어서 안나는 주말에 상우와 같이 호떡을 먹으러 갈 거예요.

읽고 말하기

2.

무엇에 관심이 있어요?	케이팝 댄스
어떻게 해서 관심을 갖게 됐어요?	프랑스에서 한국 가수의 콘서트에 갔는데 거기서 케이팝 댄스를 보고 반한 후부터 관심을 갖게 됐어요.
이번 학기에 꼭 하고 싶은 것은 뭐예요?	다음 달에 하는 케이팝 댄스 오디션에 나가서 다른 사람들에게 춤을 보여 주고 싶어요.

3 목표를 이루기 위해 최선을 다할 거예요

어휘와 표현 2

2. (1) A 위칭 씨는 한국에서 공부하는 이유가 뭐예요? 이루고 싶은 꿈이 있어요?
B 전 대학교에서 경제학을 공부하고 싶어요. 그래서 다음 학기에 대학교에 지원하려고 해요.

(2) A 진차오 씨는 한국말을 공부한 후에 뭘 하고 싶어요?
B 저는 한국에서 일하고 싶어요. 삼성이나 네이버 같은 큰 회사에서 일하면 좋겠어요.

(3) A 유나 씨는 졸업 후에 뭐 할 거예요? 취직할 거예요?
B 아니요. 친구들하고 게임 회사를 작게 만들어서 해 보려고 해요.

(4) A 안나 씨, 이번 학기엔 수업 시간에 휴대 전화도 안 보고 열심히 하는 것 같아요.
B 네. 3급부터는 수업 시간에 다른 거 안 하고 선생님 설명을 잘 들을 거예요.

(5) A 진영 씨, 어떻게 하면 한국어를 잘할 수 있을까요?
B 쉬운 한국어 책도 읽고 한국 친구들하고 만나서 한국어로도 이야기해 보세요.

(1) 대학교에 진학해서
(2) 대기업에 취직하고
(3) 회사를 차릴 거예요
(4) 수업에 집중할 거예요
(5) 한국어 실력을 기르고

문법 4

3. (1) A 왜 돈을 모아요?
B 새로 나온 노트북을 사기 위해 돈을 모으고 있어요.

(2) A 왜 매일 훈련해요?
B 메달을 따기 위해 매일 훈련하고 있어요.

(3) A 왜 텐트를 샀어요?
B 아이들과 캠핑을 가기 위해 텐트를 샀어요.

(4) A 왜 증명사진을 찍었어요?
B 여권을 만들기 위해 증명사진을 찍었어요.

(5) A 왜 예방 주사를 맞았어요?
B 독감에 걸리지 않기 위해 예방 주사를 맞았어요.

(6) A 왜 휴대 전화에 약속을 메모해요?
B 약속을 잊어버리지 않기 위해 휴대 전화에 약속을 메모해요.

읽고 쓰기

3. (1) ① (2) ③ (3) ①
(4) ① 한국어 실력을 길러서 앞으로 디자인을 깊이 공부하고 싶습니다.
② 고향에 돌아가서 멋진 액세서리 회사를 차리고 싶습니다.

2단원 | 성격과 외모

도입

1. 위칭 루이즈 씨는 룸메이트하고 성격이 잘 맞아요?
   루이즈 아니요. 저랑 성격이 정반대라서 힘들 때가 많아요.
2. 안나 마테오 씨, 아버지께서 식당을 하세요?
   마테오 네. 매일 새벽 5시에 일어나셔서 식당에 가세요. 정말 부지런하세요.
3. 엘렌 이 사진에서 누가 쇼타 씨 동생이에요?
   쇼타 단발머리에 안경을 끼고 있는 사람이 제 동생이에요.

1. B 2. A 3. C

1 성격이 꼼꼼한 편이에요?

어휘와 표현 1

2. (1) A 위칭 씨, 엘렌하고 친해요?
   B 별로 안 친해요. 엘렌이 조용하고 말이 많지 않아서 친해지기가 좀 어려운 것 같아요.
   (2) A 마테오는 수업 시간에 항상 제일 먼저 오고 공부도 열심히 하는 것 같아요.
   B 맞아요. 지금까지 마테오가 숙제를 안 하거나 수업에 지각하는 걸 한 번도 본 적이 없어요.
   (3) A 수진 씨, 아들도 수진 씨처럼 부지런해요?
   B 아니요. 움직이는 걸 너무 싫어해서 걱정이에요. 씻는 것도, 밥 먹는 것도 귀찮아하거든요.
   (4) A 진차오하고 있으면 마음이 편안하고 기분이 좋아져요.
   B 맞아요. 진차오가 잘 웃고 항상 좋은 쪽으로 생각하는 사람이라서 그런 것 같아요.
   (5) A 안나 씨, 엘렌하고 같이 발표 준비를 하면 어때요?
   B 글쎄요. 엘렌은 마음에 여유를 가지고 천천히 하는 성격인데 저는 성격이 급해서 같이 하면 힘들 것 같아요.

(1) 내성적인
(2) 성실해서
(3) 게을러서
(4) 긍정적이라서
(5) 느긋한데/느긋하지만/느긋하고

문법 1

3. 학생 A

[회사 생활] 질문하세요!

(1) 지금 다니는 회사가 커요?	☐ 네	☑ 아니요
(2) 출퇴근 시간이 오래 걸려요?	☑ 네	☐ 아니요
(3) 회사에서 야근을 자주 해요?	☐ 네	☑ 아니요
(4) 작년에 해외 출장을 많이 갔어요?	☑ 네	☐ 아니요

(1) A 올리버 씨, 지금 다니는 회사가 큰 편이에요?
B 아니요. 크지 않은 편이에요. 직원이 스무 명 정도 돼요.

(2) A 출퇴근 시간이 오래 걸리는 편이에요?
B 네. 오래 걸리는 편이에요. 집에서 한 시간 반 걸려요.

(3) A 회사에서 야근을 자주 하는 편이에요?
B 아니요. 자주 하지 않는 편이에요/ 자주 안 하는 편이에요. 야근을 한 달에 한 번 정도 해요.

(4) A 작년에 해외 출장을 많이 간 편이에요?
B 네. 많이 간 편이에요. 작년에 매달 해외 출장을 갔어요.

학생 B

[한국 생활] 질문하세요!

(5) 한국 친구가 많아요? ☑ 네 ☐ 아니요
(6) 집이 학교에서 가까워요? ☑ 네 ☐ 아니요
(7) 한국 음식을 자주 먹어요? ☑ 네 ☐ 아니요
(8) 한국에서 여행을 많이 했어요? ☐ 네 ☑ 아니요

(5) B 한국 친구가 많은 편이에요?
A 네. 많은 편이에요. 한국 친구가 열 명쯤 있어요.

(6) B 집이 학교에서 가까운 편이에요?
A 네. 가까운 편이에요. 학교까지 걸어서 10분이면 갈 수 있어요.

(7) B 한국 음식을 자주 먹는 편이에요?
A 네. 자주 먹는 편이에요. 일주일에 다섯 번 정도 먹어요.

(8) B 한국에서 여행을 많이 한 편이에요?
A 아니요. 많이 하지 않은 편이에요./ 많이 안 한 편이에요. 지금까지 부산밖에 못 가 봤어요.

문법 2

1.

3. (1) A 저기에 주차할까?
B 응. 저기에 주차하자. 저기 자리가 있다.

(2) A 피아노 연주 잠깐 듣고 갈까?
B 응. 잠깐 듣고 가자. 피아노를 정말 잘 친다.

(3) A 상우한테 이 지갑을 선물할까?
B 아니. 다른 지갑을 선물하자. 이 지갑은 너무 비싸다.

(4) A 여기에서 점심 먹을까?
B 아니. 다른 식당에서 먹자. 기다리는 사람이 많다.

(5) A 밖에서 커피를 마실까?
B 아니. 안에서 마시자. 바람이 많이 분다.

(6) A 이제 영화관으로 갈까?
B 응. 가자. 30분 전이다.

듣기

2.

쇼타	위칭, 어제 왜 학교에 안 왔어? 무슨 일 있었어?
위칭	두통이 심해서 못 왔어. 참, 쇼타, 혹시 어제 수업 시간에 배운 내용 좀 알려 줄 수 있어?
쇼타	응. 여기 내가 공책에 필기한 게 있는데 볼래?
위칭	고마워. 쇼타, 이거 네가 정리한 거야? 필기 정말 잘했다.
쇼타	그래? 위칭, 넌 어떤데? 난 수업을 들을 때 필기를 좀 꼼꼼하게 하는 편이야.
위칭	난 꼼꼼하지 못한데 부럽다. 내가 성격이 좀 급한 편이라서 무슨 일을 할 때 빨리는 하는데 중요한 걸 놓칠 때가 많거든.
쇼타	그럼 너도 잊어버리지 않게 수첩에 중요한 걸 메모해 봐. 도움이 될 거야.
위칭	응. 나도 그렇게 해 볼게. 그런데 쇼타, 공책 사진 좀 찍어도 돼?
쇼타	그럼. 찍고 줘.

(1) ② (2) ② (3) ③

2 사람마다 성격이 다르잖아요

문법 3

1. (1) A 루이즈가 친구들에게 인기가 많은 것 같아요.
B 루이즈가 성격이 밝고 좋잖아요.
A 맞아요. 저도 그래서 루이즈가 좋아요.

(2) A 진차오, 우리 금요일에 만나기로 한 거 기억하지?
B 어? 토요일 아니야?
A 내가 토요일에 약속이 있어서 금요일 오후에 보기로 했잖아.

(1) ① (2) ①

3. (1) A 올리버 생일에 어떤 선물을 하면 좋을까요?
B 등산화를 선물하는 게 어때요? 올리버가 주말마다 산에 가잖아요.

(2) A 진영 생일에 어떤 선물을 하면 좋을까요?
B 소설책을 선물하는 게 어때요? 진영의 취미가 독서잖아요.

(3) A 위칭 생일에 어떤 선물을 하면 좋을까요?
B 장갑을 선물하는 게 어때요? 위칭이 추위를 많이 타잖아요.

(4) A 상우 생일에 어떤 선물을 하면 좋을까요?
B 넥타이를 선물하는 게 어때요? 상우가 얼마 전에 취직했잖아요.

(5) A 진차오 생일에 어떤 선물을 하면 좋을까요?
B 선글라스를 선물하는 게 어때요? 요즘 햇빛이 강하잖아요.

(6) A 엘렌 생일에 어떤 선물을 하면 좋을까요?
B 목걸이와 귀걸이를 선물하는 게 어때요? 엘렌이 액세서리에 관심이 많잖아요.

듣고 쓰기

2. 상우 다샤 씨, 부산 여행 잘 다녀왔어요?
다샤 부산은 좋았는데 같이 간 친구가 저랑 성격이 안 맞아서 좀 힘들었어요.
상우 그래요? 어떤 점이 안 맞았는데요?
다샤 전 느긋한 편이라서 여유 있게 다니는 걸 좋아하는데 친구는 성격이 활발한 편이라서 여기저기 돌아다니는 걸 좋아하니까 맞추기가 힘들었어요.
상우 그랬군요. 둘이 같이 다니기가 힘들었겠어요.
다샤 네. 전 늦잠도 자고 호텔에서 쉬고 싶었어요. 여행은 쉬러 가는 거잖아요. 그런데 친구는 계속 나가서 구경하고 싶어 했어요. 첫째 날하고 둘째 날은 같이 다녔는데요. 마지막 날에는 너무 피곤해서 친구한테 그냥 "나 오늘 호텔에서 쉴게."라고 말했어요.
상우 친구가 당황했겠네요. 그래서 어떻게 됐어요?
다샤 그날 전 호텔에 있고 친구 혼자 쇼핑하고 왔어요.

(2) 1) 부산은 좋았는데 같이 간 친구와 성격이 안 맞아서 좀 힘들었어요.
2) 다샤: 느긋해요.
친구: 활발해요.
3) ②

3. (2) (예시)

다샤는 친구와 부산 여행을 다녀왔어요. 그런데 친구랑 성격이 안 맞아서 힘들었어요. 다샤는 조용하게 쉬는 걸 좋아하는 편인데 친구는 여기저기 돌아다니는 걸 좋아해서 맞추기가 힘들었어요. 다샤는 호텔에서 쉬고 싶어 했어요. 여행은 쉬러 가는 거잖아요. 그런데 친구는 나가서 구경하고 싶어 했어요. 첫째 날, 둘째 날을 같이 다녔는데 마지막 날에는 다샤가 너무 피곤해서 호텔에 있고 친구만 쇼핑했어요.

읽고 말하기

2.

유형		특징
A	이성적인 성격	· 맞는 것과 틀린 것을 중요하게 생각합니다. · 사실을 확인한 후에 '어떻게 하는 것이 맞을까?' 생각해서 행동합니다.
	감정적인 성격	· 서로의 마음과 생각을 중요하게 생각합니다. · 다른 사람의 감정을 이해하고 그 사람과의 관계를 생각해서 행동합니다.
B	계획적인 성격	· 행동하기 전에 미리 계획을 세우고 계획에 따라서 움직입니다. · 해야 할 일을 미루지 않고 약속을 잘 지키는 편입니다.
	즉흥적인 성격	· 그때그때 상황에 맞게 행동합니다. · 자유롭고 변화에 적응을 잘하는 편입니다.

3 키가 커 보이고 싶어요

문법 4

1. A 위칭 씨, 이 사진 위칭 씨예요? 키가 굉장히 커 보여요.
   B 그렇죠? 그래서 저도 이 사진이 마음에 들어요.

   (2)

3. (1) A 우리 이 소파로 살까요?
   B 소파가 편안해 보이네요. 이 소파로 사요.

   (2) A 우리 이 숙소를 예약할까요?
   B 전망이 좋아 보이네요. 이 숙소로 예약해요.

   (3) A 우리 이 영화를 보러 갈까요?
   B 영화가 재미있어 보이네요. 이 영화를 보러 가요.

   (4) A 우리 이 춤을 배워 볼까요?
   B 춤이 어려워 보이네요. 다른 춤을 배워 봐요.

   (5) A 여기서 우리 반 모임을 할까요?
   B 식당이 좁아 보이네요. 다른 식당에서 해요.

   (6) A 우리 안나한테 이 가방을 선물할까요?
   B 가방이 작아 보이네요. 우리 다른 가방을 선물해요.

읽고 쓰기

2.

외모		
	얼굴	얼굴이 동그래요. 눈이 커요. 눈웃음이 예뻐요.
	머리 모양	단발머리예요. 머리가 어깨 정도까지 와요. 보통 머리를 묶고 다닐 때가 많아요.
	액세서리	머리핀을 꽂아요. 반지를 껴요. 팔찌를 차요.

3. (1) ① (2) ③ (3) ②
   (4) 앞머리에 머리핀을 꽂았을 때 귀여워 보여요.

3단원 | 여가 활동

도입

1. 안나 내일 친구와 등산하려고 하는데요. 뭘 준비하면 돼요?
   상우 등산화나 운동화가 있으면 돼요.
2. 다샤 쇼타 씨는 어떤 동아리 활동을 하고 있어요?
   쇼타 저는 운동하는 걸 좋아해서 요즘 테니스 동아리를 하고 있어요.
3. 올리버 엘렌 씨는 시간이 있을 때마다 요가를 하죠? 요가를 하면 뭐가 좋아요?
   엘렌 긴장도 풀 수 있고 스트레스도 풀려서 좋아요.

1. B 2. C 3. A

1 땀을 흘리고 나면 스트레스가 풀려요

어휘와 표현 1

2. (1) A 진영 씨, 조용한 클래식 음악을 자주 듣네요. 이런 음악을 들으면 졸리지 않아요?
   B 아니요. 조용한 음악을 들으면 복잡한 생각을 정리할 수 있어서 마음이 편안해져요.
   (2) A 루이즈 씨, 댄스 대회에서 1등 상을 받은 걸 축하해요. 상을 받았을 때 어떤 생각이 들었어요?
   B 너무 기뻤어요. 그리고 '이제 좀 더 연습하면 세계 1등도 할 수 있다. 나는 잘할 수 있다.'라는 생각이 들었어요.
   (3) A 조슈아 씨, 영어를 가르치는 일은 어때요?
   B 학생들의 영어 실력이 느는 걸 보면 기분이 좋아져요. 그래서 가르치는 일에 만족하고 있어요.
   (4) A 다샤 씨, 마라톤 대회 준비는 잘하고 있어요?
   B 네. 마라톤 코스를 끝까지 달리기 위해 매일 두 시간씩 연습하고 있어요. 그리고 다른 운동도 해서 몸을 더 튼튼하게 만들고 있어요.
   (5) A 위칭 씨, 노래 부르는 걸 좋아하죠?
   B 네. 쌓인 스트레스를 풀 수 있어서 좋아요.

(1) 마음이 안정돼요
(2) 자신감이 생겼어요
(3) 보람을 느껴요
(4) 체력을 기르고
(5) 스트레스를 해소할

문법 1

1. 저는 요즘 학원에 가서 피아노를 배워요. 학원에 가면 연습실에서 선생님이 오늘 배울 곡과 치는 방법을 가르쳐 주세요. 선생님이 연습실을 나간 후에 제가 세 번 정도 혼자 **연습하고 나면** 선생님이 다시 오세요. 선생님이 제 연주를 듣고 나서 틀린 곳을 다시 알려 주세요.

3. 학생 A

3

2
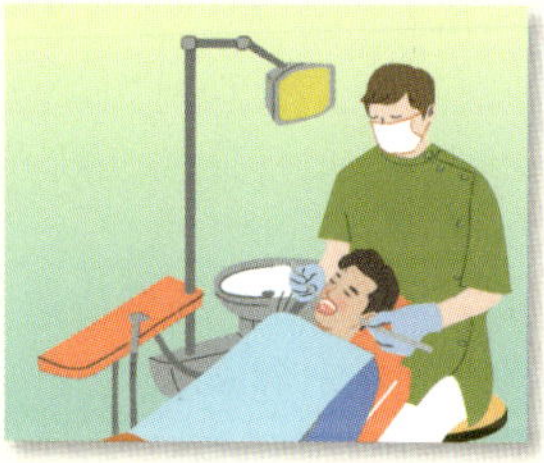

4

1

(1) A 마테오 씨, 저는 내일 공원에 갈 거예요. 공원에서 산책하고 나서 도서관에서 책을 읽을 거예요.
B 그래요? 그럼 그다음에 뭐 할 거예요?

(2) A 도서관에서 책을 읽고 나서 식당에서 밥을 먹을 거예요.
B 그래요? 그럼 그다음에 뭐 할 거예요?

(3) A 식당에서 밥을 먹고 나서 백화점에서 쇼핑할 거예요.
B 그렇군요.

학생 B

3

1

4

2

(5) B 다샤 씨, 저는 내일 미용실에 갈 거예요. 머리를 자르고 나서 치과에서 이를 치료를 받을 거예요.
A 그래요? 그럼 그다음에 뭐 할 거예요?

(6) B 치과에서 이를 치료를 받고 나서 마트에서 장을 볼 거예요.
A 그래요? 그럼 그다음에 뭐 할 거예요?

(7) B 마트에서 장을 보고 나서 집에서 저녁을 준비할 거예요.
A 그렇군요.

문법 2

1. A 김민지 선생님, 어제 집에 너무 늦게 들어가셨죠? 아이가 많이 기다렸겠어요.
B 네. 집에 들어가니까 아이가 방에서 자고 있었어요.

(1)

3. (1) A 위칭 씨, 오늘 언제 일어났어요?
B 오늘 일어나니까 점심 때였어요.

(2) A 쇼타 씨, 약속 장소에 몇 시에 도착했어요?
B 약속 장소에 도착하니까 오전 11시가 넘었어요.

(3) A 엘렌 씨, 이 한국 노래를 들었죠? 어땠어요?
B 노래를 들으니까 멜로디가 좋았어요.

(4) A 마테오 씨, 어제 자료를 다 찾았어요? 몇 시까지 찾았어요?
B 자료를 다 찾으니까 오후 5시가 되었어요.

(5) A 루이즈 씨, 선물 받은 상자를 열었어요? 그 안에 뭐가 있었어요?
B 선물 받은 상자를 여니까 향수가 있었어요.

(6) A 조슈아 씨, 떡볶이를 혼자 만들어 봤어요? 혼자 만드는 게 어땠어요?
B 혼자 만들어 보니까 생각보다 쉬웠어요.

듣기

2.

진차오	아, 그랬군요. 그래서 다샤 씨는 마라톤 대회에 나가려고 1년 전부터 조깅을 하게 된 거예요?
다샤	맞아요. 마라톤 대회에 나가려고요. 요즘도 매일 아침마다 두 시간씩 달리고 있어요.
진차오	와, 대단해요. 그런데 조깅을 하면 뭐가 좋아요?
다샤	체력을 기를 수 있어서 좋고요. 땀을 흘리고 나면 스트레스를 해소할 수 있어서 좋아요. 또 걸을 때 자세도 좋아졌어요. 진차오 씨는 시간이 있을 때 뭐 해요?
진차오	저는 요즘 제 일상생활을 영상으로 찍고 있어요.
다샤	진짜요? 왜 촬영하기 시작한 거예요?

진차오	전부터 촬영하고 싶었지만 바빠서 못 했어요. 그런데 인터넷을 보니까 자신의 생활을 찍어 올리는 사람이 많았어요. 그래서 저도 제 유학 생활을 영상으로 남기고 싶었어요.
다샤	그렇군요. 나중에 기회가 되면 저도 한번 보여 주세요.

(1) ② (2) ① (3) ③

2 자전거를 타려면 헬멧이 필요해요

문법 3

1. (1) A 저, 기타 연주반을 신청하려고 하는데요. 기타가 있어야 돼요?
   B 네. 기타를 제대로 배우려면 자기 기타가 있는 게 좋아요.
   (2) A 예약을 하지 않았는데 바로 진찰을 받을 수 있어요?
   B 죄송합니다. 진찰을 받으시려면 한 시간 정도 기다리셔야 합니다.

   (1) ① (2) ②

3. (1) A 등산화를 싸게 사고 싶은데 어떻게 하면 좋을까요?
   B 등산화를 싸게 사려면 등산 용품 할인점에 가세요.
   (2) A 돈을 모으려고 하는데 어떻게 하면 좋을까요?
   B 돈을 모으려면 은행에 저금하세요.
   (3) A 장학금을 받고 싶은데 어떻게 하면 좋을까요?
   B 장학금을 받으려면 수업 시간에 집중하세요.
   (4) A 증명사진을 찍으려고 하는데 어떻게 하면 좋을까요?
   B 증명사진을 찍으려면 사진관에 가세요.
   (5) A 명동까지 빨리 가려고 하는데 어떻게 하면 좋을까요?
   B 명동까지 빨리 가려면 지하철을 타세요.
   (6) A 불고기를 맛있게 만드는 방법을 알고 싶은데 어떻게 하면 좋을까요?
   B 불고기를 맛있게 만드는 방법을 알려면 인터넷을 찾아보세요.

듣고 쓰기

2.

엘렌	조슈아 씨, 우리 이번 주 토요일에 같이 한강 공원에 자전거를 타러 갈래요?
조슈아	가고 싶은데 전 자전거가 없어서요.
엘렌	괜찮아요. 한강 공원에 자전거 빌리는 곳이 있는데 거기에서 빌리면 돼요. 저도 거기서 빌릴 거예요.
조슈아	그래요? 그럼 갈게요. 그런데 자전거를 타려면 헬멧도 필요하죠?
엘렌	네. 헬멧도 필요해요. 그리고 다치지 않으려면 장갑도 끼면 좋고요.
조슈아	그럼 헬멧하고 장갑도 빌릴 수 있어요?
엘렌	그곳에서 헬멧은 무료로 빌릴 수 있어요. 그런데 장갑은 인터넷에서 주문해야 돼요.
조슈아	알겠어요. 알려 줘서 고마워요. 그날 자전거를 타고 나서 우리 저녁도 같이 먹어요.

(2) 1) 한강 공원에서 자전거를 타고 나서 저녁을 먹을 거예요.
2) ③
3) 자전거를 빌리는 곳에서 헬멧은 무료로 빌릴 수 있지만 장갑은 인터넷에서 주문해야 돼요.

3. (2) (예시)

엘렌과 조슈아는 이번 주 토요일에 만날 거예요. 자전거를 타려고 하는데 두 사람 모두 자전거가 없어서 자전거를 빌리려고 해요. 한강 공원에 자전거를 빌리는 곳이 있는데 거기에서 자전거를 빌릴 수 있어요. 그리고 자전거를 타려면 헬멧이 필요해요. 또 다치지 않으려면 장갑도 끼는 게 좋아요. 헬멧은 자전거를 빌리는 곳에서 무료로 빌릴 수 있지만 장갑은 인터넷에서 주문해야 돼요. 두 사람은 그날 자전거를 타고 나서 저녁도 같이 먹을 거예요.

읽고 말하기

2. Q 지금 어떤 여가 활동을 하고 있어요?
A 캠핑하고 있어요.

Q 그 여가 활동은 언제 처음 했어요?
A 10살 때 호주에서 처음 부모님과 캠핑했어요.

Q 그 여가 활동을 하면 어떤 점이 좋아요?
A 복잡한 생각을 정리할 수 있어서 마음이 안정돼요. 그리고 행복과 편안함을 가져다줘요.

3 그림을 배웠으면 좋겠어요

문법 4

3. (3) A 다샤 씨는 연휴에 뭐 할 거예요?
B 음식을 만들 거예요. 음식이 맛있었으면 좋겠어요.

(4) A 진차오 씨는 연휴에 뭐 할 거예요?
B 친구 생일 선물을 살 거예요. 생일 선물이 친구 마음에 들었으면 좋겠어요.

(5) A 쇼타 씨는 연휴에 뭐 할 거예요?
B 영화를 볼 거예요. 영화가 재미있었으면 좋겠어요.

(6) A 안나 씨는 연휴에 뭐 할 거예요?
B 인사동에 갈 거예요. 예쁜 기념품을 샀으면 좋겠어요.

읽고 쓰기

2.

질문	본문에 나온 답
① 어떤 그림을 배울까요?	주로 수채화를 배웁니다.
② 그림을 잘 그리지 못하는데 괜찮을까요?	못 그려도 됩니다. 수업에서 전문가 선생님이 꼼꼼하게 지도해 주시기 때문에 처음 하는 사람도 쉽게 그릴 수 있습니다.
③ 언제 모여서 그림을 배울까요?	일주일에 한 번, 수요일 오후 6시에 모입니다.

3. (1) 그림을 그리는 것에 관심이 많은 사람들이 모였어요.
(2) ② (3) ② (4) ③

4단원 | 소식과 정보

도입

1. 엘렌 요즘 일하는 건 어때요?
조슈아 그냥 잘 다니고 있어요. 일하는 것도 재미있고요.

2. 안나 진차오 씨, 대학교 지원 준비를 계속하고 있지요?
진차오 네. 진학 상담을 받고 나서 서류를 준비하고 있어요.

3. 진영 제가 좋아하는 가수 아유의 새 앨범이 곧 나올 거 같아요.
마테오 정말요? 새 앨범이 나오면 저도 한번 노래를 들어 보고 싶어요.

1. A 2. B 3. C

1 일하면서 공부도 하고 그럭저럭 잘 지내요

어휘와 표현 1

2. (1) A 진영 씨, 방학이지요? 어떻게 지내요?
B 요즘 시간이 많아서 늦잠도 자고 드라마도 봐요. 바쁘지 않아서 좋아요.
(2) A 쇼타 씨, 지난주에 왜 학교에 안 왔어요?
B 감기에 심하게 걸려서요. 몸이 아파서 며칠 동안 잠도 잘 못 자고 너무 힘들었어요.
(3) A 올리버 씨, 아직 점심을 못 먹었어요?
B 네. 출근하자마자 할 일이 너무 많았어요. 보고서도 쓰고 회의 준비도 해야 해서 점심시간이 지난 것도 이제 알았어요.

(4) A 위칭 씨, 지난 주말에 뭐 했어요?
B 종일 비가 와서 이틀 동안 그냥 집에 있었어요. 특별히 할 일도 없어서 재미없었어요.

(5) A 루이즈 씨, 한국에 온 지 얼마 됐어요?
B 이제 6개월이 됐어요. 처음엔 고향과 다른 게 많아서 힘들었는데 지금은 편해졌어요.

(1) 한가해요
(2) 고생했어요
(3) 정신없이 바빠서
(4) 심심했어요
(5) 적응돼서

문법 1

1. A 다샤 씨, 지난 주말에 뭐 했어요?
B 친구들하고 노래방에 갔는데 거기서 노래를 부르면서 춤도 췄어요. 정말 신나고 즐거웠어요.

(1)

3. (3) A 위칭은 뭐 하고 있어요?
B 창밖을 보면서 커피를 마시고 있어요.

(4) A 안나는 뭐 하고 있어요?
B 음악을 들으면서 공부하고 있어요.

(5) A 진차오는 뭐 하고 있어요?
B 책을 읽으면서 아이스크림을 먹고 있어요.

(6) A 루이즈는 뭐 하고 있어요?
B 웃으면서 친구와 사진을 찍고 있어요.

듣기

2. 올리버 여보세요. 제이슨? 나 올리버야.
제이슨 와, 올리버. 오랜만에 목소리를 들으니까 정말 반갑다. 어떻게 지내고 있어?
올리버 일하면서 한국어 공부도 하고 그럭저럭 잘 지내고 있어. 어떻게 지내는지 궁금해서 전화했어.
제이슨 난 회사에 다니고 있어. 귀국하고 나서 대학원에 가려고 했는데 좋은 기회가 생겨서 대학원에 진학하는 대신에 바로 취직했어.
올리버 정말? 요즘 취직하기가 쉽지 않은데 대단하다. 그러면 바쁘겠다.
제이슨 얼마 전까지는 정신없이 바빠서 힘들었는데 이제 적응돼서 괜찮아.
올리버 다행이네. 참! 지난 주말에 1급에서 같이 공부한 리카와 타나펀을 만났어. 며칠 전에 리카가 이사를 했는데 타나펀하고 내가 가서 도와줬거든. 우리가 도와준 대신에 리카가 밥을 사서 같이 식사하면서 네 이야기도 했어.
제이슨 그래? 모두 보고 싶다.
올리버 그럼 통화 후에 내가 그날 찍은 사진을 메시지로 보내 줄게. 잘 지내. 또 연락하자.

(1) ③ (2) ② (3) ②

2 그 작가가 새 소설을 출판한다고 해요

문법 3

1. (1) A 유나의 남자 친구를 본 적이 있어요?
B 아니요. 유나한테 들었는데 남자 친구는 회사원이고 컴퓨터 회사에 다닌다고 했어요.

(2) A 주말에 놀이공원에 갈까요? 다샤가 그 놀이공원에 재미있는 놀이기구가 많다고 했어요.
B 저도 인터넷에서 봤는데 내일부터 입장료를 30% 할인한다고 해요. 우리 같이 가요.

(1) ① (2) ①

3. (1) A 레아와 통화했죠? 레아는 어떻게 지내고 있어요?
B 지난달에 서울에서 결혼했다고 해요.

(2) A 레아와 통화했죠? 레아는 어떻게 지내고 있어요?
B 자기 집에 친구들을 초대하고 싶다고 해요.

(3) A 브루나와 통화했죠? 브루나는 어떻게 지내고 있어요?
B 요즘 몸이 좀 아프다고 해요.

(4) A 브루나와 통화했죠? 브루나는 어떻게 지내고 있어요?
B 매일 하는 운동도 그만뒀다고 해요.

(5) A 타나펀과 통화했죠? 타나펀은 어떻게 지내고 있어요?
B 다시 대학교에 지원하려고 한다고 해요.

(6) A 타나펀과 통화했죠? 타나펀은 어떻게 지내고 있어요?
B 대학교에 가기 위해 더 열심히 공부할 거라고 해요.

듣고 쓰기

2.

기자	그럼 인사는 나눴으니까 지금부터 김영우 교수님께 몇 가지 질문을 드리겠습니다. 수영 선수로 올림픽에서 금메달까지 따셨는데 어떻게 선수에서 교수가 되셨습니까?
김영우	메달을 딴 후에 계속 선수 생활을 하는 대신에 대학원에 진학했습니다. 그리고 미국 유학을 다녀온 후 좋은 기회가 생겨 학교에서 학생들을 가르치게 됐습니다.
기자	그렇군요. 강의실에서 학생들을 가르쳐 보시니까 소감이 어떠신가요?
김영우	강의가 힘들 때도 있지만 보람도 느낍니다. 그리고 제가 공부한 스포츠 과학과 선수 시절의 제 경험을 학생들에게 전달할 수 있어서 좋습니다.
기자	그렇겠네요. 학생들은 어렸을 때 올림픽에서 본 대단한 선수에게 강의를 들을 수 있어서 좋아하겠네요.
김영우	처음에는 학생들이 저를 만날 수 있어서 좋다고 했는데 요즘에는 저를 피하는 것 같아요. 발표할 때 제가 학생들에게 지적을 많이 해서 좀 힘들대요.
기자	재미있네요. 마지막으로 앞으로의 계획을 말씀해 주세요.
김영우	한국 스포츠의 발전을 위해 저도 열심히 노력하겠습니다. 많은 응원 부탁드립니다.

(2) 1) ①
2) 강의가 힘들 때도 있지만 보람도 느껴요. 그리고 자기가 공부한 스포츠 과학과 선수 시절의 경험을 학생들에게 전달할 수 있어서 좋아요.
3) 처음에는 김영우를 만날 수 있어서 좋다고 했는데 요즘에는 발표할 때 김영우가 학생들에게 지적을 많이 해서 좀 힘들대요.

3. (2) (예시)

김영우는 수영 선수로 올림픽에서 금메달을 땄는데 지금은 교수가 됐어요. 메달을 딴 후에 계속 선수 생활을 하는 대신에 대학원에 진학했고 미국 유학도 다녀왔어요. 교수가 돼서 강의를 해 보니까 힘들 때도 있지만 보람도 느껴요. 자기가 공부한 스포츠 과학과 선수 시절의 자기 경험을 학생들에게 전달할 수 있어서 좋아요. 학생들은 처음에는 김영우를 만날 수 있어서 좋다고 했는데 요즘은 힘들어서 피해요. 발표할 때 김영우가 지적을 많이 해서 좀 힘들다고 해요. 김영우는 앞으로 한국 스포츠 발전을 위해 열심히 노력할 거예요.

읽고 말하기

2.

질문	대답
김영하 작가는 어떤 사람이에요?	한국의 대표 소설가로 그동안 좋은 작품들을 많이 썼어요.
김영하 작가에게 어떤 새로운 소식이 있어요?	새로운 소설 『작별인사』를 출판했어요. 출판과 함께 사인회와 강의에서 독자들을 만날 예정이에요.
새 소설 『작별인사』는 어떤 작품이에요?	미래에 인간이 로봇과 지내면서 새로운 생활에 적응하는 과정을 그린 작품이에요. 원래 짧은 소설이었지만 작가가 이야기를 바꿔서 긴 소설로 다시 완성했어요.

3 선배가 진학 정보를 잘 알아보라고 했어요

문법 4

1. 쇼타 씨, 오늘 왜 학교에 안 왔어요? 내일 문화 수업을 가는 거 알지요? 선생님께서 절대 **지각하지 말라고 하셨어요**. 혹시 늦으면 선생님께 꼭 연락하라고 하셨어요. 그리고 내일 많이 걸을 것 같으니까 편한 신발을 신고 오세요. 내일 아침에 만나요.

3. (1) A 한국 사람처럼 자연스럽게 말하고 싶은데 엘렌 씨는 어떻게 하고 있어요?
B 선생님께서 한국 드라마를 많이 보고 따라 해 보라고 하셨어요. 그래서 전 그렇게 하고 있어요.

(2) A 요리를 잘하고 싶은데 엘렌 씨는 어떻게 하고 있어요?
B 마테오가 쉬운 요리부터 하나씩 만들라고 했어요. 그래서 전 그렇게 하고 있어요.

(3) A 자신감을 되찾고 싶은데 엘렌 씨는 어떻게 하고 있어요?
B 상담 선생님께서 자신을 믿고 결과에 대해 미리 부정적으로 생각하지 말라고 했어요. 그래서 전 그렇게 하고 있어요.

(4) A 대학원에 진학하고 싶은데 엘렌 씨는 어떻게 하고 있어요?
B 선배가 먼저 관심 있는 학교와 전공을 찾고 나서 진학 상담을 받으라고 했어요. 그래서 전 그렇게 하고 있어요.

(5) A 친구를 많이 사귀고 싶은데 엘렌 씨는 어떻게 하고 있어요?
B 안나가 동아리에 가입해서 같은 취미를 가진 친구를 사귀라고 했어요. 그래서 전 그렇게 하고 있어요.

(6) A 좋아하는 가수를 직접 보고 싶은데 엘렌 씨는 어떻게 하고 있어요?
B 루이즈가 가수의 행사 정보를 인터넷에서 자주 확인하라고 했어요. 그래서 전 그렇게 하고 있어요.

읽고 쓰기

2.

내용상 단락	단락의 중심 내용
1	다니엘이 루이즈에게 잘 지내는지 물어봤어요.
2, 3	다니엘이 루이즈에게 마야를 소개하면서 기숙사 정보를 마야한테 알려 줄 수 있냐고 물어봤어요.
4	다니엘이 루이즈에게 부탁해서 미안하다고 인사했어요.

3. (1) ② (2) ② (3) ③
(4) 루이즈가 지금 기숙사에 산다고 하니까 기숙사에서 살아 본 경험에 대해 직접 듣고 싶어서 소개해 달라고 했어요.

5단원 | 건강과 생활 습관

도입

1. 진차오 루이즈 씨, 안색이 너무 안 좋아요. 무슨 일 있어요?
루이즈 체한 것 같아요. 아침부터 속이 안 좋고 머리도 아프네요.

2. 쇼타 다샤 씨, 보통 몇 시에 자요?
다샤 저는 보통 10시 전에 자는 편이에요. 어렸을 때부터 일찍 자고 일찍 일어나는 게 습관이 됐거든요.

3. 엘렌 여름에 에어컨 때문에 냉방병으로 병원을 찾는 사람들이 많대요.
상우 저도 요즘 실내에 있으면 추울 때가 많아요. 엘렌 씨도 실내에서 오래 있게 되면 긴팔 옷을 준비하는 게 좋을 거예요.

1. B 2. C 3. A

1 요리를 하다가 손을 다쳤어요

문법 1

1. A 진차오 씨, 숙제 다 했어요?
   B 아니요. 어젯밤에 숙제하다가 피곤해서 잤어요.

(2)

3. (1) A 뭐 하다가 전화를 받았어요?
   B 낮잠을 자다가 전화를 받았어요.

(2) A 뭐 하다가 전화를 받았어요?
   B 쿠키를 만들다가 전화를 받았어요.

(3) A 뭐 하다가 전화를 받았어요?
   B 옷을 입다가 전화를 받았어요.

(4) A 뭐 하다가 잠이 들었어요?
   B 음악을 듣다가 잠이 들었어요.

(5) A 뭐 하다가 잠이 들었어요?
   B 일기를 쓰다가 잠이 들었어요.

(6) A 뭐 하다가 잠이 들었어요?
   B 내일 할 일을 생각하다가 잠이 들었어요.

문법 2

3. 학생 A

(1) A 유치원 선생님이 지금 뭐 하고 있어요?
   B 물을 끓여요.

(2) A 유치원 선생님이 지금 뭐 하고 있어요?
   B 국을 식혀요.

(3) A 유치원 선생님이 지금 뭐 하고 있어요?
   B 아이에게 옷을 입혀요.

(4) A 유치원 선생님이 지금 뭐 하고 있어요?
   B 아이에게 신발을 신겨요.

학생 B

(5) B 유치원 선생님이 지금 뭐 하고 있어요?
   A 아이에게 모자를 씌워요.

(6) B 유치원 선생님이 지금 뭐 하고 있어요?
   A 아이에게 밥을 먹여요.

(7) B 유치원 선생님이 지금 뭐 하고 있어요?
   A 아이를 깨워요.

(8) B 유치원 선생님이 지금 뭐 하고 있어요?
   A 아이를 자전거에 태워요.

듣기

2. 진행자 1 지난 방송 때 영상을 보신 분들에게 피부 건강을 위해서 뭘 드시는지 댓글을 남겨 달라고 했었는데요.
진행자 2 많은 분들이 토마토를 추천해 주셨어요. 토마토가 피부에 좋은 건 알고 계셨어요?
진행자 1 아니요. 토마토가 소화에 좋다는 이야기는 많이 들었는데 피부에도 좋아요?
진행자 2 네. 햇빛으로부터 피부도 보호해 주고 주름이 생기는 것도 막아 준대요.
진행자 1 정말요? 토마토는 피부가 늙는 속도도 늦추는군요. 그런데 토마토를 먹는 방법도 다양하잖아요. 어떻게 먹는 게 피부에 가장 좋아요?
진행자 2 기름에 볶아서 먹으면 효과가 훨씬 커진대요. 그래서 저도 토마토를 그냥 먹다가 얼마 전부터 기름에 볶아서 먹기 시작했어요.
진행자 1 그래요? 오늘 토마토에 대해서 새롭게 알게 된 게 정말 많네요.
진행자 2 그렇죠? 참, 오늘 방송은 지난주에 올려 드린 <블루베리로 피부 건강 챙기기> 와 함께 보시면 더욱 좋을 것 같아요. 방송은 다시 보기로 내용을 확인할 수 있으니까 많은 관심 부탁드립니다.

(1) ① (2) ② (3) ①

2 체력이 좋아지도록 운동을 하세요

문법 3

1. 나는 최근에 몸이 안 좋아서 고생했다. 의사는 나에게 몸이 많이 약해졌으니까 **체력이 좋아지도록** 운동을 하라고 했다. 다치지 않도록 처음에는 쉬운 운동부터 하라고 조언했다. 그래서 나는 얼마 전부터 건강해지기 위해서 매일 아침 조깅하러 근처 공원에 간다. 건강이 빨리 회복되었으면 좋겠다.

3. (3) A 선생님, 어깨가 자주 아파요.
B 그렇군요. 그럼 어깨가 아프지 않도록 가벼운 팔 운동을 하세요.

(4) A 선생님, 요즘 밤에 잠이 잘 안 와요.
B 그렇군요. 그럼 밤에 잠이 잘 오도록 커피를 줄이세요.

(5) A 선생님, 음식을 먹으면 자주 속이 불편해요.
B 그렇군요. 그럼 속이 불편하지 않도록 음식을 천천히 드세요.

(6) A 선생님, 발목이 삐어서 부었는데 가라앉지 않아요.
B 그렇군요. 그럼 가라앉도록 찜질을 하세요.

듣고 쓰기

2. 수의사 어서 오세요. 무슨 일로 오셨어요?
상우 강아지가 아파서요. 오늘 아침에 강아지를 보니까 오른쪽 눈이 빨개졌고 조금 부은 것 같아요.
수의사 요즘 같은 봄에는 꽃가루가 많이 날려서 알레르기 때문에 이런 증상이 있는 강아지들이 많아요.
상우 아, 그래요? 우리 강아지도 어제 산책을 한 시간 정도 했는데 그다음부터 눈이 가려운 것처럼 자꾸 눈을 비벼요.
수의사 어디 봅시다. 음……. 꽃가루 알레르기 때문이네요. 약을 처방해 드릴게요. 하루에 한 번 아침에 물약을 먹이세요. 증상이 심해지지 않도록 강아지 몸과 얼굴을 깨끗하게 씻겨 주시고요.
상우 산책은 시켜도 될까요?
수의사 아니요. 다 나을 때까지 산책시키지 마세요.
상우 네. 알겠습니다. 감사합니다.

(2) 1) 오른쪽 눈이 빨개졌고 조금 부었어요.
2) 꽃가루 알레르기 때문이에요.
3) ②

3. (2) (예시)

상우는 아침에 강아지가 아파서 강아지를 데리고 병원에 왔어요. 강아지의 눈이 빨개지고 부었어요. 요즘 같은 봄에 꽃가루가 많이 날려서 알레르기 때문에 이런 증상이 있는 강아지가 많아요. 상우의 강아지도 어제 산책한 후부터 꽃가루 알레르기 때문에 눈을 비벼요. 그래서 의사가 약을 처방해 줬어요. 하루에 한 번 물약을 먹이고 증상이 심해지지 않도록 몸과 얼굴을 깨끗하게 씻겨야 돼요. 그리고 강아지가 다 나을 때까지 산책시키면 안 돼요.

읽고 말하기

2.

건강한 여름 나기 '무더위 속 건강 챙기기'

생길 수 있는 증상

- 갑자기 어지럽다.
- 심한 두통을 느낀다.

예방 방법 1

햇볕을 직접 쐬지 않는다.

- 양산이나 모자를 쓴다.
- 그늘막이나 나무 그늘에서 쉰다.

예방 방법 1

물을 자주 마신다.

- 한 번에 많이 마시지 않고 조금씩 자주 마신다.
- 물 대신 커피나 콜라를 마시는 것은 피한다.

3 아이를 일찍 자게 하세요

어휘와 표현 2

2. (1) A 쇼타 씨, 배 아파요? 안색이 안 좋아 보여요.
B 네. 저녁을 평소보다 많이 먹었는데 소화가 안 되네요.

(2) A 안나 씨, 어제 왜 학교에 안 왔어요?
B 어제 늦게 일어났어요. 눈을 뜨니까 이미 오후였어요.

(3) A 엘렌 씨는 건강을 위해서 하고 있는 게 있어요?
B 저는 매일 똑같이 저녁 열 시에 자고 아침 일곱 시에 일어나요.

(4) A 조슈아 씨, 새해 계획은 세웠어요?
B 네. 작년에 쇼핑을 많이 했어요. 새해에는 쇼핑도 줄이고 돈을 꼭 필요한 곳에만 쓰려고요.

(5) A 진차오 씨, 아직 열한 시밖에 안 됐는데 벌써 점심을 먹으러 가요?
B 네. 배가 너무 고파서요. 오늘 바빠서 아침 식사를 못 했거든요.

(1) 과식해서
(2) 늦잠을 자서
(3) 규칙적인 생활을 하고 있어요./규칙적인 생활을 해요
(4) 돈을 절약할 거예요./돈을 절약하려고 해요
(5) 아침을 굶어서

문법 4

1. (1) A 올리버 씨, 어떻게 단어를 그렇게 많이 알아요?
B 고향에서 한국어를 배울 때 선생님이 단어를 많이 외우게 하셨어요.

(2) A 안나 씨, 우리 내일 수영장에 가잖아요. 그때 수영 모자도 챙겨야 돼요?
B 네. 가져오세요. 제가 지난번에 수영장에 갔을 때 모자가 없으니까 직원들이 수영장에 못 들어가게 했어요.

(1) ② (2) ②

3. (1) A 부장님, 미카엘에게 무슨 일을 맡길까요?
B 회의 자료를 만들게 하세요.

(2) A 부장님, 수지에게 무슨 일을 맡길까요?
B 회의실을 미리 정리하게 하세요.

(3) A 부장님, 디아고에게 무슨 일을 맡길까요?
B 회의 장소를 알아보게 하세요.

(4) A 부장님, 완나파에게 무슨 일을 맡길까요?
B 회의 자료를 복사하게 하세요.

(5) A 부장님, 영우에게 무슨 일을 맡길까요?
B 회의 보고서를 쓰게 하세요.

(6) A 부장님, 미사키에게 무슨 일을 맡길까요?
B 회의 관련 자료를 찾게 하세요.

읽고 쓰기

2.

1	월요병은 월요일마다 피로를 느끼거나 짜증이 나는 증상이다.
2	월요병은 잘못된 주말 습관 때문에 생긴다.
3	월요병으로 고생하지 않으려면 일요일은 규칙적으로 보내고 월요일은 즐겁게 보내야 한다.

3. (1) ③ (2) ② (3) ②
(4) 아침을 굶으면 점심에 과식하게 돼서 오후에 더 졸리고 피곤해지기 때문이다.

6단원 | 내가 사는 도시

도입

1. 조슈아 도시에서 살면 어떤 점이 가장 좋아요?
진영 영화관이나 미술관이 많아서 쉽게 갈 수 있는 게 가장 마음에 들어요.

2. 올리버 회사를 그만두고 시골로 내려온 이유가 뭐예요?
수지 회사 일로 스트레스가 쌓여서 건강이 너무 안 좋아졌어요. 이곳으로 오니까 마음에 여유가 생겨서 좋네요.

3. 마테오 이번 방학에 설악산이나 경주 중에서 어디로 여행 갈 거예요?
다샤 글쎄요. 설악산에 가면 자연을 즐길 수 있고 경주는 역사적인 도시라서 한국의 전통 문화를 느낄 수 있잖아요. 두 곳의 분위기가 너무 달라서 결정을 못 하겠어요.

1. C 2. B 3. A

1 교통이 편리한 반면에 너무 시끄러워요

문법 1

1. (1) A 와! 진영 씨, 여긴 젊은 사람들이 정말 많은 것 같아요.
B 네. 그런데 예전엔 지금보다 더 붐볐었어요.

(2) A 상우 씨, 우리 내일 섬에 가잖아요. 배로 갈 거예요?
B 아니요. 차로 가요. 옛날에는 배로 갔었는데 지금은 다리가 생겨서 차로 가면 돼요. 배는 이제 안 다녀요.

(1) ② (2) ②

3. (1) A 쇼타 씨는 어렸을 때도 키가 컸어요?
B 아니요. 어렸을 때는 다른 친구들보다 훨씬 키가 작았었어요.

(2) A 쇼타 씨는 어렸을 때도 눈이 나빴어요?
B 아니요. 어렸을 때는 눈이 좋았었어요. / 아니요. 어렸을 때는 안경을 안 썼었어요.

(3) A 쇼타 씨는 어렸을 때도 수학을 잘했어요?
B 아니요. 어렸을 때는 수학을 못했었어요.

(4) A 쇼타 씨는 어렸을 때도 인기가 많았어요?
B 아니요. 어렸을 때는 인기가 없었었어요. / 아니요. 어렸을 때는 인기가 많지 않았었어요.

(5) A 쇼타 씨는 어렸을 때도 책을 많이 읽었어요?
B 아니요. 어렸을 때는 책을 안 읽었었어요.

(6) A 쇼타 씨는 어렸을 때도 동생과 사이가 좋았어요?
B 아니요. 어렸을 때는 동생과 사이가 안 좋았었어요. / 아니요. 어렸을 때는 동생과 많이 싸웠었어요.

문법 2

1. 나는 오늘 학교 앞 식당에 갔다. 그 식당은 분위기도 좋고 음식도 아주 맛있었다. 하지만 **맛있는 반면에** 가격이 너무 비쌌다. 또 다른 식당보다 서비스가 좋았지만 손님이 너무 많아서 오래 기다려야 했다. 그곳은 맛과 분위기가 좋은 반면에 오래 기다려야 돼서 자주 가기 힘들 것 같다.

3. (1) A 도시와 시골은 어떻게 달라요?
B 도시는 높은 건물이 많은 반면에 시골은 높은 건물이 거의 없어요.

(2) A 백화점과 시장은 어떻게 달라요?
B 백화점은 옷이 비싼 반면에 시장은 옷이 싸요.

(3) A 형과 동생은 어떻게 달라요?
B 형은 운동을 잘하는 반면에 동생은 공부를 잘해요.

(4) A 진영과 조슈아는 어떻게 달라요?
B 진영은 매운 음식을 잘 먹는 반면에 조슈아는 잘 못 먹어요. / 진영은 떡볶이를 좋아하는 반면에 조슈아는 떡볶이를 안 좋아해요.

(5) A 한국과 호주는 어떻게 달라요?
B 한국은 8월이 여름인 반면에 호주는 8월이 겨울이에요.

(6) A 작년 겨울과 올해 겨울은 어떻게 달라요?
B 작년 겨울에는 눈이 많이 온 반면에 올해 겨울에는 눈이 거의 안 왔어요.

듣기

2. 루이즈 조슈아 씨, 미안해요. 많이 기다렸죠?
조슈아 아니에요. 길이 많이 막혔어요?
루이즈 네. 퇴근 시간에는 항상 지하철이 붐비니까 택시를 탔는데 너무 막혔어요. 서울은 다 좋은데 출퇴근 시간에는 교통이 정말 복잡한 것 같아요.
조슈아 그래요? 루이즈 씨 고향은 출퇴근 시간에 길이 막히지 않아요?
루이즈 네. 작은 도시라서 사람들이 보통 자전거를 많이 타고 다니니까 길에 차가 별로 없어요. 저도 고향에서는 자전거를 자주 이용했었어요.
조슈아 아, 그래요? 그런데 서울은 교통이 복잡한 반면에 늦게까지 버스가 다녀서 편하잖아요.
루이즈 그러네요. 밤엔 좀 시끄럽지만 길이 환해서 다니기도 안전하고요.
조슈아 맞아요. 서울 어디에나 맛집도 많고요.
루이즈 네. 그래서 저는 지금 서울에서 사는 게 마음에 들어요.

(1) ① (2) ③ (3) ①

2 이곳은 머리를 식히러 제가 자주 가던 곳이에요

문법 3

1. A 진영 씨, 오늘 입은 옷 예쁜데요. 새로 샀어요?
   B 아니에요. 언니가 입던 옷인데 안 입는다고 해서 제가 입은 거예요.

   (1)

3. 학생 A

(1) A 같이 공부하던 친구 중 레아는 어떤 친구였어요?
B 레아는 매일 남자 친구와 통화를 하던 친구였어요.

(2) A 같이 공부하던 친구 중 리카는 어떤 친구였어요?
B 리카는 패션에 관심이 많던 친구였어요.

(3) A 같이 공부하던 친구 중 다니엘은 어떤 친구였어요?
B 다니엘은 다른 친구한테 친절하던 친구였어요.

(4) A 같이 공부하던 친구 중 제이슨은 어떤 친구였어요?
B 제이슨은 쉬는 시간에 자주 자던 친구였어요.

학생 B

(5) B 같이 공부하던 친구 중 샤니는 어떤 친구였어요?
A 샤니는 자주 음악을 듣던 친구였어요.

(6) B 같이 공부하던 친구 중 브루나는 어떤 친구였어요?
A 브루나는 시간이 있으면 팔찌나 목걸이를 만들던 친구였어요.

(7) B 같이 공부하던 친구 중 샤오동은 어떤 친구였어요?
A 샤오동은 수업에 자주 늦던 친구였어요.

(8) B 같이 공부하던 친구 중 타나펀은 어떤 친구였어요?
A 타나펀은 케이팝 댄스를 좋아하던 친구였어요.

듣고 쓰기

2. 상우 올리버 씨, 뭐 해요?
올리버 이번 주말에 친구랑 강릉 안반데기에 가기로 했어요. 그래서 어떤 곳인지 인터넷에서 좀 찾아보고 있어요.
상우 강릉 안반데기요? 제가 기분 전환하고 싶을 때 자주 가던 곳인데 거긴 어떻게 알았어요?
올리버 자연 속에서 조용하게 쉴 수 있는 여행지를 찾다가 알게 됐어요. 그런데 여긴 뭐가 유명해요?
상우 낮에 산 위에 올라가면 멀리 있는 바다도 볼 수 있고 밤에는 별을 볼 수 있어서 유명해요. 그런데 여기에서 뭐 할지 정했어요?
올리버 아직 못 정했어요. 별 구경 말고 또 뭘 하면 좋은지 알려 줄래요?

상우 안반데기는 산 위에 있어서 교통이 불편한 반면에 공기가 정말 맑아요. 저는 아침에 일찍 일어나서 해가 뜨는 걸 보러 갔는데 일출이 정말 환상적이었어요. 꼭 보세요. 밤에는 아름다운 별 사진도 찍을 수 있으니까 사진도 많이 찍고 오세요.

올리버 상우 씨 말을 들으니까 빨리 가 보고 싶네요. 알려 줘서 고마워요!

(2) 1) 상우가 기분 전환하고 싶을 때 가던 곳이에요.

2) 자연 속에서 조용히 쉴 수 있는 여행지를 찾다가 알게 됐어요.

3) ①

3. (2) (예시)

올리버는 이번 주말에 친구와 강릉 안반데기로 여행을 가기로 해서 인터넷으로 그곳에 대해 알아보고 있어요. 이곳은 상우가 기분 전환하고 싶을 때 자주 가던 곳이에요. 올리버는 자연 속에서 조용하게 쉴 수 있는 곳을 찾다가 알게 됐어요. 이곳은 낮에 산 위에 올라가면 멀리 있는 바다도 볼 수 있고 밤에는 별을 볼 수 있어서 유명해요. 이곳은 교통이 불편한 반면에 공기가 맑아요. 상우는 이곳에 해가 뜨는 것을 보러 갔는데 환상적이었어요. 그래서 올리버에게 일출을 보고 밤에 별 사진 찍는 것을 추천해요.

읽고 말하기

2.

Q 전원생활을 하기 전에 무슨 일을 했어요? 그 일은 어땠어요?

A 회사에 다녔는데 월급을 많이 주는 반면에 해야 할 일이 너무 많고 일도 저와 맞지 않았어요. 그리고 사람 때문에 스트레스도 받았어요.

Q 일을 그만두고 전원생활을 하게 된 계기는 무엇이에요?

A 제주도로 휴가를 왔을 때 우연히 숙소 근처에 있는 작은 귤밭에서 귤 따는 일을 돕게 됐어요. 그런데 신기하게 귤을 따는 동안 복잡한 생각들이 사라지는 걸 느꼈어요.

Q 전원생활을 하게 된 후 무엇이 달라졌어요?

A 수입은 적지만 도시 생활에서 잃어버린 마음의 여유를 되찾았어요. 즐거운 일과 따뜻한 사람들이 있어서 항상 웃게 돼요.

3 경치가 아름다울 뿐만 아니라 음식도 맛있어요

어휘와 표현 2

2. (1) A 위칭 씨, 서울은 어떤 도시예요?
B 한국의 경제 활동이 가장 활발하게 이루어지는 중요한 곳이에요.

(2) A 진차오 씨는 여행을 가면 꼭 하는 일이 있어요?
B 저는 여행을 가면 사람들의 에너지를 느낄 수 있는 시장에 꼭 가요. 열심히 사는 모습을 볼 수 있거든요.

(3) A 다샤 씨, 이 동네는 옛날부터 지금까지 바뀐 게 거의 없대요.
B 정말요? 새롭게 바꾸지 않고 예전 모습 그대로 지키면서 살고 있는 게 정말 대단하네요.

(4) A 진영 씨, 이화여대는 어떤 학교예요?
B 우리 학교는 한국의 첫 여학교인데 세운 지 100년이 훨씬 넘었어요. 1886년에 문을 열었거든요.

(5) A 엘렌 씨, 저 건물 멋지지 않아요?
B 맞아요. 디자인도 예쁘고 뒤에 있는 산과 잘 어울려서 더 멋있는 것 같아요.

(1) 중심지예요
(2) 활기가 넘치는
(3) 옛 모습을 보존하고
(4) 역사가 깊은
(5) 조화를 이루고

문법 4

3. (1) A 사람들이 마테오를 왜 좋아해요?

B 마테오는 활발할 뿐만 아니라 분위기를 좋게 만들어 줘서 좋아해요. / 마테오는 웃길 뿐만 아니라 활발해서 좋아해요. / 마테오는 분위기를 좋게 만들어 줄 뿐만 아니라 웃겨서 좋아해요.

(2) A 그 식당에 왜 자주 가요?

B 맛있을 뿐만 아니라 친절해서 자주 가요. / 친절할 뿐만 아니라 양이 많아서 자주 가요. / 양이 많을 뿐만 아니라 맛있어서 자주 가요.

(3) A 그 연예인을 왜 좋아해요?

B 잘생겼을 뿐만 아니라 연기를 잘해서 좋아해요. / 연기를 잘할 뿐만 아니라 좋은 일을 많이 해서 좋아해요. / 좋은 일을 많이 할 뿐만 아니라 잘생겨서 좋아해요.

(4) A 왜 이 노래를 좋아하세요?

B 가사가 좋을 뿐만 아니라 멜로디가 아름다워서 좋아해요. / 멜로디가 아름다울 뿐만 아니라 좋아하는 가수가 불러서 좋아해요. / 좋아하는 가수가 불렀을 뿐만 아니라 멜로디가 아름다워서 좋아해요.

(5) A 인터넷 쇼핑을 하면 뭐가 좋아요?

B 간편할 뿐만 아니라 싸게 살 수 있어서 좋아요. / 싸게 살 수 있을 뿐만 아니라 시간을 아낄 수 있어서 좋아요. / 시간을 아낄 수 있을 뿐만 아니라 간편해서 좋아요.

(6) A 지금 사는 동네는 어떤 점이 마음에 들어요?

B 교통이 편리할 뿐만 아니라 편의 시설이 많아서 마음에 들어요. / 편의 시설이 많을 뿐만 아니라 근처에 공원이 있어서 마음에 들어요. / 근처에 공원이 있을 뿐만 아니라 교통이 편리해서 마음에 들어요.

읽고 쓰기

2.

	뉴욕	로스앤젤레스
위치	동부	서부
기후	사계절이 뚜렷하다.	1년 내내 따뜻하다.
분위기	도시 전체가 화려하고 현대적이다.	휴양지에 온 것 같은 자유로운 분위기다.

3. (1) ① (2) ② (3) ②

(4) 전 세계에서 모인 다양한 민족이 함께 조화를 이루면서 살고 있기 때문이다.

찾아보기

집 필 진

수석 책임 연구원

김현진 이화여자대학교 언어교육원 특임교수
이화여자대학교 독어독문학과 박사

책임 연구원

배재원 이화여자대학교 언어교육원 특임교수
이화여자대학교 한국학과 박사

이민경 이화여자대학교 언어교육원 특임교수
이화여자대학교 한국학과 박사

공동 연구원

윤여옥 이화여자대학교 언어교육원 책임강사
이화여자대학교 한국학과 석사

전우주 이화여자대학교 언어교육원 책임강사
이화여자대학교 한국학과 박사 수료

최형연 이화여자대학교 언어교육원 책임강사
이화여자대학교 한국학과 석사

주현하 이화여자대학교 언어교육원 책임강사
이화여자대학교 한국학과 박사